Completas en Él

Un estudio de Colosenses

PATRICIA NAMNÚN

NASHVILLE, TENNESSEE

Dedico esta obra a mi amado esposo, mi compañero de vida. Gracias por animarme, ayudarme y creer en mí en todo este proceso. Eres una de las muestras de la fidelidad de Dios en mi vida.

Completas en Él: Un estudio bíblico de Colosenses

B&H Publishing Group
Nashville, TN37234

Clasificación Decimal Dewey:230
Clasifíquese: FE/ VERDAD/ APOLOGÉTICA

Diseña de portada por Ligia Teodosiu

ISBN: 978-1-5359-6255-1

Impreso en EE. UU.
3 4 5 6 7 8 * 26 25 24 23 22

ÍNDICE

Introducción

¡Bienvenida a ***Completas en Él***, un estudio interactivo del Libro de Colosenses! Me llena de gozo saber que estaremos recorriendo juntas estas páginas durante cuatro semanas.

Este material está diseñado para ayudarte a acudir diariamente a la Escritura con el fin de profundizar en sus verdades, sellarlas en tu mente y ponerlas en práctica. Realizar este estudio te tomará aproximadamente 30 minutos cada día.

Durante cuatro semanas de estudio podrás conocer, de manera general, cada capítulo, profundizar y entender el pasaje del día, encontrar la aplicación para tu vida y responder en oración en función de lo que has estudiado. Haremos todo esto a través de cinco secciones:

I- PREPARA TU CORAZÓN

Esta sección da inicio al estudio de cada día y tiene como propósito utilizar un salmo de la Biblia para orar al Señor antes de comenzar a estudiar Su Palabra.

II- ANALIZA EL PASAJE

Después de orar a través de la Palabra, el estudio te invitará cada día a sumergirte en el pasaje leído. El objetivo es que puedas comenzar a mirar con detenimiento el contenido del pasaje del día y a enfocarte en encontrar lo siguiente:

- ***Temas principales del pasaje:*** son los distintos temas que salen a relucir a través del texto, esas ideas que saltan del pasaje una y otra vez.
- ***Estructura***: la estructura de un libro o pasaje es la forma que este tiene de principio a fin. En esta porción, lo que debes buscar es cuáles son las partes en las que está dividido el pasaje. Esto puedes hacerlo a través de un esquema. Descubrir la estructura de un pasaje puede ayudarte a comprender todo el significado de un texto.

Este es un ejemplo que permitirá entender cómo sería la estructura de un pasaje:

1 Juan 1

i- El testimonio apostólico del Verbo de Vida (vv. 1-3)

La manifestación del Verbo de Vida (v. 2).
La razón de su proclamación (v. 3).

ii- Dios es luz (vv. 4 -10)

El andar en tinieblas y en luz (vv. 5-7).

La realidad de nuestro pecado (v. 8).

El resultado de nuestra confesión (vv. 9-10).

- ***Contexto***: esta parte hace referencia al entorno y el contexto del pasaje que estamos estudiando. ¿Dentro de qué género se ubica el libro y la porción que estamos estudiando? ¿Cómo nos ayudan los versículos anteriores y posteriores a nuestro pasaje para entender lo que estamos estudiando? ¿Qué nos enseña el contexto histórico? Estas preguntas pueden ayudarte a conocer el universo del pasaje. Cuando estudiamos la Palabra, es de vital importancia que aprendamos a estudiar cada libro y pasaje en particular dentro del contexto en el que se encuentra.

- ***Cristo en el texto:*** toda la Biblia apunta a Cristo. Él mismo dijo que la Escritura da testimonio de Él. Por lo tanto, parte esencial de nuestro estudio de la Palabra es que busquemos de qué manera Él se ve reflejado en cada pasaje, ya sea a través de Su obra de redención o de Su carácter.

- ***Tema unificador***: cuando hablamos de tema unificador, nos estamos refiriendo a la idea central del libro o pasaje que estamos estudiando. En cada libro o pasaje que estudies, encontrarás temas recurrentes. El tema unificador es el mensaje principal que nos comunica el pasaje.

Usando una vez más el pasaje anterior de 1 Juan 1, el tema unificador sería «En Cristo podemos tener comunión con el Padre y andar en la luz así como Él es luz».

III- PROFUNDIZA EN SUS VERDADES

En esta sección, tienes la oportunidad de profundizar en el pasaje a través de un análisis del texto y la búsqueda de otros pasajes de la Escritura relacionados con la lectura.

IV- APLÍCALO A TU VIDA

Después de haber orado, analizado y profundizado en las verdades contenidas en el pasaje del día, esta sección te permitirá aplicar a tu vida el tema estudiado a través de preguntas que te ayudarán a pensar cómo el pasaje hará la diferencia en tu corazón y tus acciones.

V- RESPONDE EN ORACIÓN

Cada día, esta sección finaliza motivándote a orar por lo estudiado. La oración va dirigida a cuatro áreas: adoración, agradecimiento, confesión y súplica. Algunas cosas importantes que debes recordar a lo largo de tu estudio:

1. ¡No te apresures en hacerlo! El objetivo de este estudio es que tengas un encuentro con el Señor cada día a través de Su Palabra. No sientas que debes responder cada pregunta o que debes terminar el estudio en cuatro semanas. Puedes tomarte más tiempo si lo necesitas. No pierdas de vista tu objetivo: conocer más a tu Señor a través de Su Palabra.

2. No te desanimes si pierdes un día de estudio. ¡Vuelve a intentarlo al día siguiente!

3. Una vez que termines este estudio, te animo a que no te detengas. Sigue estudiando Su Palabra. Oro para que este estudio despierte en ti un hambre por Su Palabra, para que busques saciarte cada día.

Que Dios use este estudio para que puedas crecer, ser ministrada y confrontada, así como yo lo he sido al prepararlo. Que las verdades de Su Palabra tengan un efecto transformador en tu vida y que puedas crecer en el conocimiento del Dios santo.

«Así dice el Señor: No se gloríe el sabio de su sabiduría, ni se gloríe el poderoso de su poder, ni el rico se gloríe de su riqueza; mas el que se gloríe, gloríese de esto: de que me entiende y me conoce, pues yo soy el Señor que hago misericordia, derecho y justicia en la tierra, porque en estas cosas me complazco —declara el Señor» (Jer. 9:23-24).

Introducción a Colosenses

Sobre el autor

Pablo y Timoteo son mencionados como los autores de la carta (1:1). Timoteo probablemente sirvió como secretario, ya que en toda la carta el lenguaje usado es en singular *(yo)*.

El título de la carta indica que fue escrita a los cristianos de una pequeña ciudad llamada Colosas.

Fecha y trasfondo

La carta fue probablemente escrita en el año 62 d.C. Pablo la escribió casi al mismo tiempo que escribió Filemón y Efesios. Tíquico y Onésimo sirvieron como mensajeros de estas cartas, y muy probablemente fueron escritas durante el encarcelamiento de Pablo en Roma.

La carta a los colosenses fue escrita como una respuesta de Pablo a las enseñanzas peligrosas que estaban amenazando a la iglesia en Colosas. Pablo escribe esta carta para responder a esta situación y estimular a los creyentes en su crecimiento en Cristo.

La herejía que amenazaba a esta iglesia proclamaba tener una visión superior en el reino espiritual, una sabiduría misteriosa y escondida para muchos. Esta era una visión errónea sobre lo material, que enseñaba que las cuestiones físicas no eran importantes o que eran malvadas, y que existían muchos niveles de poderes espirituales malos y buenos.

Estas enseñanzas devaluaban a Cristo y fallaban en apreciar la nueva identidad de los creyentes en Él. Pablo asegura a los colosenses que en Cristo tienen todo lo que necesitan.

Tema central

Cristo es Señor sobre toda la creación, incluyendo el reino espiritual. Él ha redimido a Su pueblo y lo ha hecho participar con Él en Su muerte y resurrección.

Verso clave

«A Él nosotros proclamamos, amonestando a todos los hombres, y enseñando a todos los hombres con toda sabiduría, a fin de poder presentar a todo hombre perfecto en Cristo» (1:28).

PRIMERA SEMANA

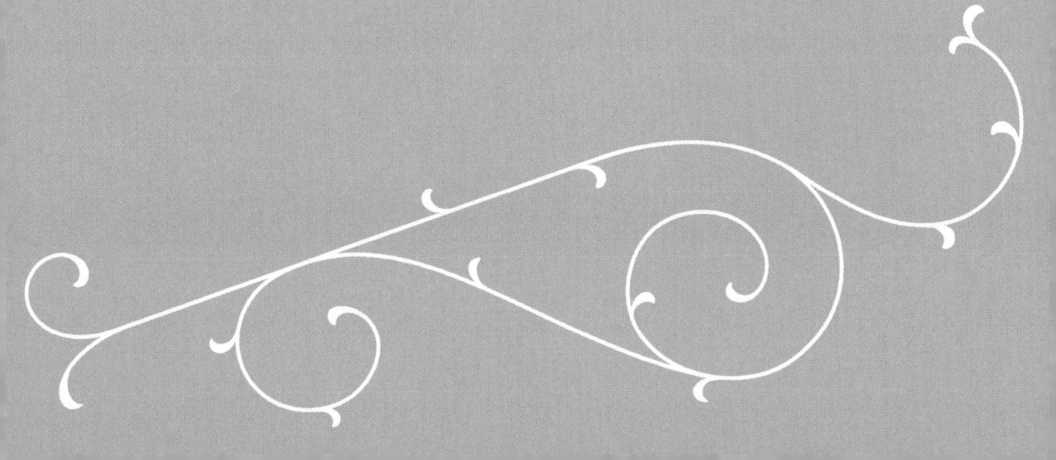

Día 1

Antes de hacer cualquier otra cosa, te invito a presentarte delante de Dios en oración; Él es quien abre nuestros ojos para que podamos verlo y nos transforma a través de Su Palabra.

«Abre mis ojos, para que vea las maravillas de tu ley».
Salmos 119:18

Lee la carta completa de Colosenses. Esto te permitirá tener una idea general sobre el libro que estudiaremos.

Una vez que hayas leído la carta completa, lee el capítulo 1 de Colosenses por lo menos dos veces, para que puedas familiarizarte con el texto. En tu lectura de este primer capítulo, procura contestar lo siguiente:

¿Qué palabras importantes se repiten?

¿Qué ideas se repiten?

¿Qué atributo de Dios se enfatiza o exalta?

¿Hay alguna idea que pareciera confusa?

¿Cuáles temas encuentras en el primer capítulo?

Día 2

PREPARA TU CORAZÓN

Usa este salmo para orar al Señor:

«¡Cuán bienaventurados son los de camino perfecto,
los que andan en la ley del Señor!
¡Cuán bienaventurados son los que guardan sus testimonios,
y con todo el corazón le buscan!
No cometen iniquidad, sino que andan en sus caminos».

Salmos 119:1-3

ANALIZA EL PASAJE

Pasaje del día: ***Colosenses 1:1-8***

Los siguientes puntos te ayudarán a marcar el camino en el proceso de entender este pasaje.

TEMAS

¿Cuáles son los temas principales de este pasaje?

ESTRUCTURA

¿Cuáles son las distintas partes de este pasaje?

CONTEXTO

¿Cómo este pasaje se relaciona con los versos anteriores y los que le siguen del libro?

CRISTO EN EL TEXTO

¿De qué manera puedes ver la obra o el carácter de Cristo revelados en este pasaje?

TEMA UNIFICADOR

¿Cuál crees que es el tema unificador de este pasaje?

PROFUNDIZA EN SUS VERDADES

«Pablo, apóstol de Jesucristo por la voluntad de Dios, y el hermano Timoteo, a los santos y fieles hermanos en Cristo que están en Colosas: Gracia a vosotros y paz de parte de Dios nuestro Padre» (vv. 1-2).

Pablo comienza la carta a los colosenses con el saludo habitual de sus epístolas. Estos primeros versos nos muestran la autoría de Pablo de la carta y su posición de autoridad apostólica, y deja claro que su apostolado le fue dado por Dios. Los versos de la introducción continúan y, luego de presentarse a sí mismo, nos presenta a esta iglesia llamándolos fieles y santos en Cristo.

Pablo les llama **santos** porque por la obra de Cristo fueron separados del pecado y consagrados para Dios, y **fieles** para indicar cuál es el origen de esa separación: la fe para salvación.

Luego del saludo a sus hermanos en Cristo, en los versos 3-8, encontramos una celebración de gratitud por esta iglesia, y en el principio del verso 3 vemos a quién va dirigida: «Damos gracias a **Dios**, el Padre de nuestro Señor Jesucristo...». Con esta introducción, Pablo está reconociendo que toda la gloria y todo el mérito de lo que él dirá a continuación le pertenece solamente a Aquel de quien proviene toda dádiva, incluyendo la salvación (Ef. 2:8-9). Luego de la fuente de su gratitud nos da la razón:

«... orando siempre por vosotros, al oír de vuestra fe en Cristo Jesús y del amor que tenéis por todos los santos, a causa de la esperanza reservada para vosotros en los cielos...» (vv. 3b-5a).

Pablo celebra en ellos tres virtudes cristianas exaltadas a lo largo de la Escritura: su fe, su amor y su esperanza.

¿Qué nos enseña 1 Corintios 13:13 sobre estas virtudes?

Veamos cada una de ellas:

Fe

Lo primero que Pablo menciona sobre estos creyentes es su fe, porque apartados de la fe no hay experiencia cristiana. Escuchar a las personas decir que tienen fe es algo muy común. En medio de una situación difícil, hemos oído frases como «Tengo fe en que todo saldrá bien», «Tranquila, ten fe». La pregunta sería ¿fe en qué? ¿Fe en que las cosas saldrán como espero? ¿Fe en la misma fe? El problema que encontramos en estas frases es el fundamento de la fe.

Pero Pablo es muy específico en el objeto de esa fe, porque no tiene su valor en sí misma, sino en su objeto, y la fe de ellos era **en Cristo Jesús**. La salvación no viene de creer por creer ni viene de creer en un grupo de ideas o doctrinas; la salvación solo viene a través de Jesucristo, por Su muerte en la cruz por nuestros pecados. Esa es la verdadera fuente de la fe.

Amor

Ahora bien, esta fe tiene resultados. La respuesta natural del evangelio que impacta en una vida es dar frutos, y uno de los frutos más firmes y visibles es el amor. La fe salvadora en la vida del creyente tiene como evidencia el amor hacia los demás, y esta iglesia estaba siendo caracterizada por su amor por todos los santos (v. 4).

El amor, como evidencia de nuestra fe, es resaltado en la Escritura y de manera especial en la primera carta del apóstol Juan.

Te invito a que leas estos pasajes de 1 Juan: 2:9-11; 3:14-15; 4:20

¿Qué nos enseñan estos pasajes sobre la necesidad del fruto del amor?

Pablo celebra y agradece que los colosenses amaran a todos sus hermanos sin acepción de personas. Entre ellos había unidad.

Esperanza

Pablo celebra su esperanza: «... a causa de la esperanza reservada para vosotros en los cielos...» (v. 5a). El pasaje nos deja ver que el amor y la fe que ellos estaban teniendo vienen como resultado de esta esperanza que les había sido reservada en los cielos. Pablo mismo nos enseña en Tito 2:11-13 que la esperanza en el retorno de Cristo y las recompensas celestiales hacen la diferencia en la manera en que vivimos, y eso estaba ocurriendo en esta iglesia.

La celebración de Pablo continua y finalmente, en los versos 5b-8, menciona el avance del evangelio celebrando su poder y universalidad. A diferencia de las falsas enseñanzas del gnosticismo, las buenas noticias de Cristo eran para todo el mundo y estaban diariamente alcanzando a nuevas personas.

La carta nos deja ver que este evangelio estaba dando frutos constantes, porque el evangelio no es una idea; es poder de Dios que transforma.

Finalmente, en esta sección vemos a Epafras, a quien Pablo describe como un consiervo amado y fiel servidor (v. 7), el instrumento usado por Dios para llevar el evangelio a esta iglesia.

APLÍCALO A TU VIDA

Una de las características que Pablo celebra de esta iglesia es su amor por todos los santos como un fruto natural de una vida que ha depositado su fe en Cristo.

Si Pablo te escribiera una carta, ¿qué diría? ¿Podría él celebrar tu amor por todos los santos?

Si tu vida no está siendo caracterizada por el amor a otros, ¿qué crees que está faltando en ella?

Pablo reconocía que la fuente de su gratitud era Dios mismo porque toda buena dádiva proviene de Él (v. 3a). Muchas veces vemos buenos frutos en nuestras vidas y de alguna manera nos sentimos orgullosas de nosotras mismas, pero olvidamos a Dios como la fuente de esos frutos.

¿Qué pensamientos llegan a tu mente cuando otros te alaban? ¿Y cuando ves las cosas que puedes lograr o cuando ves los dones y talentos que tienes?

¿Cómo crees que sería tu vida caracterizada por la gratitud a Dios?

Verdad para recordar: La obra de Cristo hace posible que caminemos en amor y gratitud. ¡Él te ha dado todo lo que necesitas para vivir de esta manera!

RESPONDE EN ORACIÓN

Adora: Exalta al Señor por la esperanza que tenemos reservada en los cielos.

Agradece: Da gracias a Dios porque cada fruto en nuestra vida proviene de Él.

Confiesa: Lleva al Señor cualquier área de pecado en la que Él te haya confrontado: falta de amor hacia los demás, ausencia de gratitud a Dios.

Suplica: Pídele que maraville tu corazón por la obra del evangelio para que tu vida pueda responder en amor a los demás y en gratitud a Dios.

Día 3

PREPARA TU CORAZÓN

Usa este salmo para orar al Señor:

«Con rectitud de corazón te daré gracias, al aprender tus justos juicios. Tus estatutos guardaré; no me dejes en completo desamparo».

Salmos 119:7-8

ANALIZA EL PASAJE

Pasaje del día: ***Colosenses 1:9-14***

Los siguientes puntos te ayudarán a marcar el camino en el proceso de entender este pasaje.

TEMAS

¿Cuáles son los temas principales de este pasaje?

ESTRUCTURA

¿Cuáles son las distintas partes de este pasaje?

CONTEXTO

¿Cómo este pasaje se relaciona con los versos anteriores y los que le siguen del libro?

CRISTO EN EL TEXTO

¿De qué manera puedes ver la obra o el carácter de Cristo revelados en este pasaje?

TEMA UNIFICADOR

¿Cuál crees que es el tema unificador de este pasaje?

PROFUNDIZA EN SUS VERDADES

¿Cuál es el resultado de la gratitud hacia Dios por Su obra en la vida de una persona? Oración. Esto fue lo que fluyó del corazón de Pablo hacia los colosenses al ver y celebrar su fe, amor y esperanza (vv. 1-8).

En los primeros versos del pasaje que estaremos viendo hoy, Pablo nos muestra una oración hermosamente construida que nos deja un modelo para nuestras propias oraciones por los demás y por nosotras mismas.

«Por esta razón, también nosotros, desde el día que lo supimos (lo oímos), no hemos cesado de orar por vosotros y de rogar que seáis llenos del conocimiento de su voluntad en toda sabiduría y comprensión espiritual» (v. 9).

Pablo comienza su oración pidiendo por conocimiento para los colosenses y es importante que pida por conocimiento para ellos porque esta iglesia estaba siendo influenciada por personas que les decían que ellos necesitaban un mejor y superior conocimiento.

Los gnósticos, quienes estaban influyendo a esta iglesia, les estaban enseñando que Cristo era un buen lugar para estar, pero que ellos necesitaban un conocimiento superior. Sin embargo, este conocimiento por el que Pablo estaba orando era completamente opuesto al del gnosticismo. El conocimiento que Pablo pide para ellos es uno que incluiría una sabiduría y entendimiento espiritual.

Desde la perspectiva de Pablo, un conocimiento profundo de Cristo y Su voluntad es esencial para la vida espiritual de todo creyente. ¿Cómo confirman esto los siguientes pasajes?

EFESIOS 1:16-17, FILIPENSES 1:9 Y FILEMÓN 6

Este conocimiento espiritual viene por la obra del Espíritu Santo, quien nos revela a Jesucristo y nos da el conocimiento para salvación. Ahora bien, el Espíritu Santo no trabaja solo; la Palabra es la fuente primaria de conocimiento para el creyente.

«... para que andéis como es digno del Señor, agradándole en todo, dando fruto en toda buena obra y creciendo en el conocimiento de Dios; fortalecidos con todo poder según la potencia de su gloria, para obtener toda perseverancia y paciencia, con gozo dando gracias al Padre que nos ha capacitado para compartir la herencia de los santos en luz» (vv. 10-12).

Pablo no solo ora porque sean llenos del conocimiento de Su voluntad, él ora también por su manera de vivir porque hay una estrecha relación entre el conocimiento de Su voluntad y nuestra manera de vivir. Si te das cuenta, en el inicio del v. 10 Pablo les dice que ora para que sean llenos del conocimiento de Su voluntad: «para que». La razón de este conocimiento es que su manera de vivir sea afectada.

El verdadero conocimiento espiritual implica acción. Un profundo conocimiento debe tener un profundo efecto en la manera de vivir.

Pablo entonces pide lo siguiente: «Anden como es digno del Señor.» ¿Cómo vivimos de una manera digna de Él? Pablo mismo responde:

a. **Haciendo todo lo que a Él le agrada:** Vivir una vida digna del Señor implica que cada área de nuestra vida sea de Su agrado, conforme a las verdades de Su Palabra.

b. **Dando fruto en toda buena obra:** Los frutos son el resultado natural de una vida que le agrada en todo, una vida que actúa como Cristo en cada situación. Estos frutos por los que Pablo pide son frutos en el presente, pero también de manera continua.

c. **Creciendo en el conocimiento de Dios:** Pablo vuelve a pedir por conocimiento, por la relación estrecha que hay entre el conocimiento y nuestra manera de vivir.

d. **Fortalecidos en Su poder:** Un poder extraordinario que permite estar firme en medio de la batalla y tener paciencia los unos con los otros.

e. **Dando gracias:** No podemos caminar de una manera digna del Señor sin una gratitud gozosa hacia Él, quien nos ha capacitado para compartir la herencia de los santos.

En los versos 13-14, vemos la razón de este caminar en gratitud:

«Porque Él nos libró del dominio de las tinieblas y nos trasladó al reino de su Hijo amado, en quien tenemos redención: el perdón de los pecados» (vv. 13-14).

El evangelio de Jesucristo define el pasado, el presente y el futuro de estos creyentes:

1. ¿Qué pasaba con ellos en el pasado?

---

2. ¿Qué está pasando con ellos en el presente?

3. ¿Qué sucederá con certeza en el futuro?

¡Gloriosa obra de nuestro Señor que nos define! ¡Y glorioso el Señor que hace la obra!

APLÍCALO A TU VIDA

Una de las cosas que vimos en este pasaje fue la oración de Pablo por los colosenses.
¿De qué manera la oración de Pablo te reta a orar de modo diferente por tus hermanos y hermanas en Cristo, y por ti misma?

Una de las continuas peticiones de Pablo por los colosenses es que sean llenos del conocimiento de Dios, y no podremos ser llenas de este conocimiento apartadas de Su Palabra.
¿Cómo está tu vida en la Palabra? Vuelve a leer los versos 9-10. ¿Cómo estos te animan a tener una vida en la Escritura?

En los versos 13-14 vimos cómo la obra de Cristo define nuestro pasado, presente y futuro.
¿Cuáles cosas en tu vida están compitiendo con Cristo para definir tu pasado, tu presente y tu futuro? ¿Cómo estas verdades pueden ayudarte a ver tu vida cada día moldeada por el evangelio?

Verdad para recordar: Cuando estamos en Cristo nuestra vida no está definida por nosotras mismas. Cristo y Su obra de redención definen lo que somos: receptores de perdón y redención por nuestros pecados.

RESPONDE EN ORACIÓN

Adora: Exalta al Señor por el perdón y la redención que hemos recibido en Él.

Agradece: Da gracias al Señor porque nos ha dejado Su Palabra a través de la cual podemos ser llenas del conocimiento de Él.

Confiesa: Si el Señor te ha dado convicción de esto, lleva delante de Él tu falta de tiempo en la Palabra.

Suplica: Pídele al Señor que las verdades de la obra de Cristo te maravillen tanto que tu deseo y respuesta natural sean conocerlo y vivir como es digno del Señor.

PREPARA TU CORAZÓN

Usa este salmo para orar al Señor:

«Con todo mi corazón te he buscado;
no dejes que me desvíe de tus mandamientos.
En mi corazón he atesorado tu palabra,
para no pecar contra ti».

Salmos 119:10-11

ANALIZA EL PASAJE

Pasaje del día: ***Colosenses 1:15-23***

Los siguientes puntos te ayudarán a marcar el camino en el proceso de entender este pasaje.

TEMAS

¿Cuáles son los temas principales de este pasaje?

ESTRUCTURA

¿Cuáles son las distintas partes de este pasaje?

CONTEXTO

¿Cómo este pasaje se relaciona con los versos anteriores y los que le siguen del libro?

CRISTO EN EL TEXTO

¿De qué manera puedes ver la obra o el carácter de Cristo revelados en este pasaje?

TEMA UNIFICADOR

¿Cuál crees que es el tema unificador de este pasaje?

PROFUNDIZA EN SUS VERDADES

Al comenzar la parte principal del cuerpo de esta carta, en los versos 15-20, quizás los versos de mayor exaltación de este libro, Pablo establece el fundamento para caminar en Jesús al revelar el gran misterio de quién es Él.

Lee con detenimiento estos versos y escribe cómo nos revelan la supremacía de Cristo en cada una de estas áreas:

1. Supremo en la eternidad:

2. Supremo en la creación:

3. Supremo en la iglesia:

4. Supremo en el plan de redención:

¡Jesús está por encima de todo! Él es Dios mismo y es el más importante en honor de todo lo que existe. En Él fueron creadas todas las cosas y Él fue el propósito mismo de la creación porque todo fue creado por Él y para Él. Él ha existido por siempre y en Él todas las cosas permanecen. Él es la cabeza de la iglesia y Su resurrección es suprema entre todas. Por Él hemos sido reconciliados con Dios y Él trajo la paz por medio de Su sangre en la cruz. Él es el Señor por sobre todas las cosas.

La historia de la reconciliación tiene un antes y un después, y las partes de esta historia las vemos en los versos 21-23.

Antes

El texto nos enseña que la condición de todos aquellos que estaban y están sin Cristo es esta: alejados, enemigos y ocupados en malas obras, una condición miserable.

Después

A pesar de lo que éramos, de nuestra miserable condición, el texto nos deja ver que hemos sido reconciliados a través de la muerte de Cristo con el propósito de presentarnos santos, sin mancha e irreprensibles. Esta es nuestra posición delante de Él para siempre.

¿Sabes qué quiere decir esta condición? Que a pesar de que seguimos pecando, Dios nos ve santas y sin mancha alguna porque nos mira a través de los méritos de Cristo. ¡Que gloriosa condición!

Finalmente, el haber sido reconciliadas con Cristo produce evidencias en nuestras vidas.

De acuerdo a Colosenses 1:23, ¿cuáles cosas cruciales necesitamos hacer y conocer en relación con el evangelio de Jesucristo del que Pablo ha estado escribiendo?

Una de las mayores evidencias de nuestra reconciliación es el permanecer firmes, constantes y bien cimentadas en la fe, sin movernos de la esperanza del evangelio. La perseverancia es el sello distintivo de un verdadero creyente y es la respuesta natural ante tan gran obra del Señor por nosotras.

APLÍCALO A TU VIDA

En nuestro texto de hoy vimos cómo Cristo es supremo sobre todas las cosas: todo fue creado por medio de Él y para Él, y en Él todas las cosas existen, incluso nosotras mismas. Él es Rey y Señor sobre todas las cosas. Si examinas tu propia vida a la luz de esta verdad, ¿identificas algún área de tu vida en la que no estés reconociendo la supremacía de Jesús?

Siempre es bueno recordar nuestra vida pasada y ver de dónde Cristo nos ha rescatado, con la intención de que nuestros corazones se maravillen por Su obra.
¿Puedes recordar lo que eras y compararlo con lo que el Señor ha hecho en ti al reconciliarte a través de Su muerte y resurrección?

Antes:

Ahora:

Al finalizar el pasaje del día de hoy vimos cómo una de las características distintivas del creyente es su permanencia.
¿Qué crees que muchas veces hace que sea difícil para ti el permanecer constante y sin moverte de la esperanza del evangelio?

Verdad para recordar: A pesar de que antes estábamos alejadas, éramos Sus enemigas y estábamos ocupadas en malas obras, ¡Él nos reconcilió! Su obra de reconciliación y amor no dependió ni depende de nosotras. Nada puede hacer que Él nos deje de amar porque no se trata de nosotras; se trata de Él y siempre ha sido así. ¡Su amor es seguro!

RESPONDE EN ORACIÓN

Adora: ¡Jesús es supremo sobre todas las cosas! Exáltalo porque no hay nadie como Él.

Agradece: Da gracias al Señor porque nuestras vidas han sido receptoras de la gracia de Jesús que nos ha reconciliado con el Padre.

Confiesa: Quizás hay algún área de tu vida en la que no estés reconociendo la supremacía y el señorío de Cristo; llévala en arrepentimiento delante del Señor.

Suplica: Pídele al Señor que haga que tu vida declare en todo tiempo que Él es supremo sobre todo.

Día 5

PREPARA TU CORAZÓN

Usa este salmo para orar al Señor:

«Bendito tú, oh SEÑOR; enséñame tus estatutos. He contado con mis labios de todas las ordenanzas de tu boca. Me he gozado en el camino de tus testimonios, más que en todas las riquezas. Meditaré en tus preceptos, y consideraré tus caminos. Me deleitaré en tus estatutos, y no olvidaré tu palabra».

Salmos 119:12-16

ANALIZA EL PASAJE

Pasaje del día: ***Colosenses 1:24-29***

Los siguientes puntos te ayudarán a marcar el camino en el proceso de entender este pasaje.

TEMAS

¿Cuáles son los temas principales de este pasaje?

ESTRUCTURA

¿Cuáles son las distintas partes de este pasaje?

CONTEXTO

¿Cómo este pasaje se relaciona con los versos anteriores y los que le siguen del libro?

CRISTO EN EL TEXTO

¿De qué manera puedes ver la obra o el carácter de Cristo revelados en este pasaje?

TEMA UNIFICADOR

¿Cuál crees que es el tema unificador de este pasaje?

PROFUNDIZA EN SUS VERDADES

En el tipo de sociedad en la que vivimos hoy, *sufrimiento* es una palabra a la que le huimos y que de ninguna manera quisiéramos en nuestra vida... Esto no fue así en la vida del apóstol Pablo.

En el verso 24, Pablo nos deja ver que Él se alegraba por sus sufrimientos que tenían que ver con los demás, con el avance del evangelio.

Según 2 Corintios 6:4-10, ¿de cuáles formas Pablo sufrió por el avance del evangelio?

Ahora, hay algo más que Pablo nos dice en el verso 24, «... y en mi carne, completando lo que falta de las aflicciones de Cristo, hago mi parte por su cuerpo, que es la iglesia».

¿Qué preguntas trae este verso a tu mente?

Este ha sido uno de los versos más discutidos por mucho tiempo. El resto de la Escritura nos enseña que no hay defecto ni falta alguna en la obra redentora de Cristo en la cruz. Su muerte es completamente suficiente: el perfecto sacrificio por nuestros pecados. En los evangelios, encontramos que las últimas palabras de Cristo antes de Su muerte en la cruz fueron «Consumado es». «Hecho está», la obra fue completada; todo, absolutamente todo, había sido ya pagado.

Lo que muchos han entendido entonces de este pasaje es que, como la obra de Cristo fue total y completa en la cruz, eso que Pablo está tratando de completar de las aflicciones de Cristo, esos sufrimientos, no son para salvación, sino para proclamación. Pablo no estaba sufriendo para dar redención, sino para proclamarla, para dar a conocer a Cristo, a quien él llama el misterio que nos ha sido revelado (v. 26).

¿Por qué un misterio? Pablo lo llama «misterio» no porque no podía ser entendido, sino porque había estado oculto por generaciones y ahora le ha sido revelado a Sus santos. Ese misterio es la gloriosa verdad de que el Mesías, el Cristo, alcanzaría al pueblo no judío, habitaría en personas no judías y le daría la promesa de Abraham, la esperanza de gloria en el reino de Dios junto a todos los santos.

Cristo viviendo en nosotras es una esperanza gloriosa.

¿Cómo puedes conectar Efesios 1:13-14 con esta verdad?

Luego de presentarnos sus sufrimientos por el avance del reino y su llamado a proclamar a Cristo, Pablo entonces pasa a darnos el cómo de su proclamación:

1. **Amonestando**: Pablo no dudaba en hacer esta incómoda tarea de amonestar a otros porque a él le importaba. Pablo era alguien que amaba a los demás y su amor lo llevaba a hacer incluso aquellas cosas que a él le trajeran incomodidad. La amonestación correcta es una muestra de amor.

¿Qué puedes ver en Hechos 20:31 sobre el corazón de Pablo al amonestar?

---

2. **Enseñando**: Pablo quiere que esos que han conocido a Cristo, además de ser amonestados para apartarse de su pecado, sean enseñados en la Palabra. La efectividad de nuestro caminar en Cristo depende de nuestra instrucción y conocimiento de la Escritura.

¿Qué nos manda a enseñar Mateo 28:19-20?

Pablo hace todo lo anterior con la intención de presentar a cada creyente maduro en Cristo.

Finalmente, el verso 29 nos recuerda una verdad esencial: «Y con este fin también trabajo, esforzándome según su poder que obra poderosamente en mí».

Pablo entiende que él no está solo en esto. Sí, él sabe que debe trabajar duro y que debe estar dispuesto a sufrir por el evangelio y por otros, pero él reconoce que la única manera en la que puede hacer esto es en las fuerzas de Cristo porque el poder para transformar está completamente en Él.

¡Separadas de Él nada podemos hacer!

APLÍCALO A TU VIDA

En el texto de hoy vimos cómo el apóstol Pablo estaba dispuesto a sufrir por el avance del reino.

¿Qué tan dispuesta has estado a padecer por la causa de Cristo? Quizás no tengas que vivir las mismas cosas que Pablo vivió, pero ¿cuáles cosas pudieran significar sufrimiento en tu vida por el avance del reino?

¡Cristo en nosotras es la esperanza de gloria!

¿De qué maneras la verdad de que Cristo vive en ti afecta tu vida en estas áreas?

Tu identidad:

Tu perspectiva de las dificultades:

Tu necesidad de dirección:

Una de las formas en las que Pablo proclamaba a Cristo era enseñando a otros, pero parte esencial de poder enseñar la Palabra es conocerla porque no podemos dar de aquello que no tenemos.

¿Cómo está tu tiempo en la Palabra? ¿Has estado alimentándote de manera fiel de las verdades de la Escritura?

Verdad para recordar: Cristo haciendo morada en nosotras nos muestra la relación más personal. Ese Dios grande, extraordinario y todopoderoso ha decidido acercarse a nosotras en una relación de amor. Él no solo camina con nosotras, ¡Él vive en nosotras!

RESPONDE EN ORACIÓN

Adora: Dios nos ha revelado el misterio de Cristo, ¡glorioso misterio que nos ha dado esperanza!

Agradece: Da gracias al Señor por su morada en nosotras, por darnos la relación más personal.

Confiesa: Lleva delante del Señor cualquier otra área en la que hayas estado basando tu identidad que no sea Cristo y su morada en nosotras.

Suplica: Pídele al Señor que te permita ver la presencia de Cristo en tu vida como esa esperanza de gloria.

SEGUNDA SEMANA

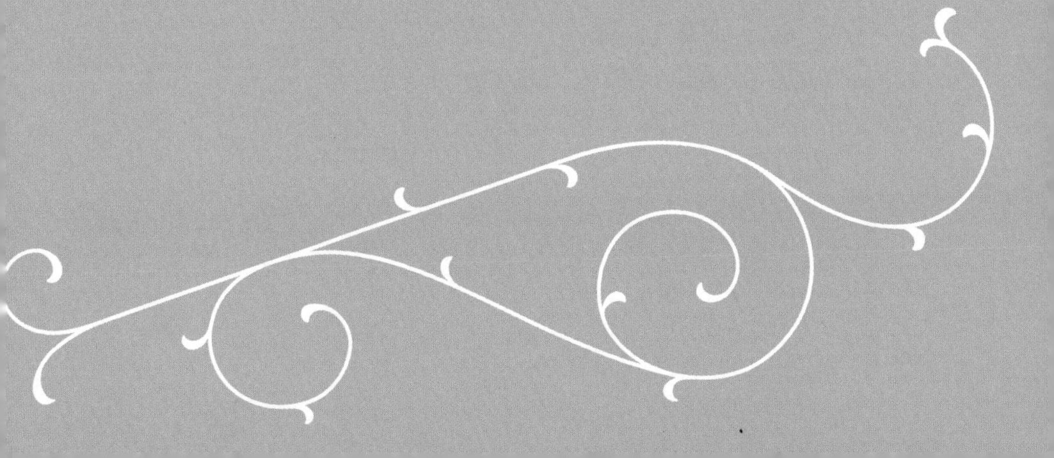

Día 1

Antes de hacer cualquier otra cosa, te invito a presentarte delante de Dios en oración; Él es quien abre nuestros ojos para que podamos verlo y Él es quien a través de Su Palabra nos transforma.

«Abre mis ojos, para que vea las maravillas de tu ley».
Salmos 119:18

Lee el capítulo 2 de Colosenses, por lo menos, dos veces para que puedas familiarizarte con el texto. En tu lectura de este segundo capítulo, procura contestar lo siguiente:

¿Qué palabras importantes se repiten?

¿Qué ideas se repiten?

¿Qué atributo de Dios se enfatiza o exalta?

¿Hay alguna idea que pareciera confusa?

¿Cuáles temas encuentras en el segundo capítulo?

Día 2

PREPARA TU CORAZÓN

Usa este salmo para orar al Señor:

«Favorece a tu siervo, para que viva y guarde tu palabra».

Salmos 119:17

ANALIZA EL PASAJE

Pasaje del día: ***Colosenses 2:1-7***

Los siguientes puntos te ayudarán a marcar el camino en el proceso de comprensión de este pasaje.

TEMAS

¿Cuáles son los temas principales de este pasaje?

ESTRUCTURA

¿Cuáles son las distintas partes de este pasaje?

CONTEXTO

¿Cómo este pasaje se relaciona con los versos anteriores y los que le siguen del libro?

CRISTO EN EL TEXTO

¿De qué manera puedes ver la obra o el carácter de Cristo revelados en este pasaje?

TEMA UNIFICADOR

¿Cuál crees que es el tema unificador de este pasaje?

PROFUNDIZA EN SUS VERDADES

Una de las cosas que más ministra mi alma es estar cerca de una persona que genuinamente se preocupa por mi bienestar espiritual. Son personas en las que, desde que te preguntan cómo estás, ves un genuino interés por saber y ver de qué formas pueden servirte.

Los primeros versos de este capítulo nos dejan ver un corazón así.

En el verso 1, vemos cómo Pablo les expresa a los colosenses la gran lucha que tiene por ellos y ¡por todos los que ni siquiera conoce bien! Esta lucha que Pablo tiene es una lucha en labor y en oración.

Busca Colosenses 4:12. ¿Qué clase de lucha nos deja ver que tiene Epafras por los colosenses?

Pablo les expresa esto para que sus corazones sean alentados y entonces, unidos en amor, puedan alcanzar todas las riquezas que proceden de un verdadero conocimiento de Cristo (vv. 2-3).

¿Cómo Proverbios 2:3-6 se hace eco de la verdad encontrada en Colosenses 2:3?

El deseo de Pablo por esta iglesia es que ellos alcancen un verdadero conocimiento y comprensión de Cristo, pero hay algo interesante en este deseo de Pablo: él les expresa que desea que alcancen este conocimiento «unidos en amor».

¿Por qué crees que Pablo presenta la importancia de obtener este conocimiento bajo la unidad del amor?

Los falsos maestros que estaban infiltrando esta iglesia proclamaban que ellos tenían acceso a los misterios de Dios, pero Pablo deja claro que Cristo es el misterio de Dios, y toda comprensión y entendimiento pueden ser encontrados solamente en Él (vv. 4-5).

En los versos 6-7, Pablo los llama a volver a las enseñanzas fundacionales que les fueron dadas por Epafras cuando ellos llegaron a la fe, y entonces caminar en Él.

Pablo los llama a andar en Él:

- Arraigados
- Edificados
- En fe
- Rebosando de gratitud

Arraigados y edificados
Para ilustrarles la manera en la que debían caminar, Pablo usa la imagen de un árbol y la de una edificación: firmemente arraigados y edificados en Él.

Los creyentes son en Cristo lo que un árbol es en la tierra. Un árbol nunca será más grande y fuerte que sus raíces; lo que se ve siempre es proporcional a aquello que no se ve. Una de las maneras de andar en Él es con raíces firmes en Cristo.

En el mismo verso, los colosenses también son llamados a estar edificados en Él. Nuestro fundamento está únicamente en Cristo. Como creyentes, estamos llamados a cavar profundo en el suelo de Cristo, ahí plantar nuestras vidas y vivir cada día tratando de ser una edificación digna de su fundamento. Esta clase de vida no sucumbirá ante las falsas enseñanzas.

Un caminar en fe
Otra de las características a las que Pablo estaba llamando a los colosenses era a un caminar en fe. Ellos estaban llamados a continuar en la fe que creyeron y sobre la que habían sido enseñados desde el principio.

Un caminar en gratitud
La gratitud es una buena evidencia de nuestra condición espiritual. Una vida carente de gratitud ha dejado de poner sus ojos en la grandeza de Cristo; tiene su mirada hacia abajo y no hacia arriba.
La gratitud es un llamado a lo largo de la Escritura:
¿Qué nos enseñan los siguientes pasajes sobre este llamado?

EFESIOS 5:20

1 TESALONICENSES 5:18

HEBREOS 13:15

APLÍCALO A TU VIDA

Hay riquezas que vienen de una plena comprensión de Cristo, de conocerlo a Él.
¿Cómo podemos caminar hacia ese conocimiento?

Pablo llama a los colosenses a un caminar arraigado y edificado en Cristo.
En tu vida como creyente, ¿de qué maneras crees que podrías lograr esta clase de caminar? ¿Qué papel juega la Palabra de Dios?

La gratitud es uno de los principales termómetros del estado espiritual de un creyente.
Si tuvieras que medir tu vida en función de la gratitud, ¿cuál sería el resultado?

En Jesús tenemos todo lo que necesitamos y mucho más. Frente a todo lo que hemos recibido, la respuesta natural de nuestro corazón debe ser una que rebose de gratitud.

Verdad para recordar: Cristo es el fundamento sólido de nuestras vidas; todo lo demás es arena. ¡En Él estamos completas!

RESPONDE EN ORACIÓN

Adora: Exalta al Señor por darnos a Cristo, en quien están escondidos todos los tesoros de la sabiduría.

Agradece: Da gracias al Señor porque las riquezas que vienen de una plena comprensión de Cristo están a nuestra disposición. ¡Él se ha dado a conocer!

Confiesa: ¿Ha estado tu vida apartada de la Palabra y, por lo tanto, tus ojos puestos en este mundo? Si ha sido así, ve delante del Señor en arrepentimiento.

Suplica: Pídele al Señor que te dé un corazón que esté firmemente arraigado en Él, apegado a Su Palabra, rebosando de gratitud.

Día 3

PREPARA TU CORAZÓN

Usa este salmo para orar al Señor:

«Hazme entender el camino de tus preceptos, y meditaré en tus maravillas».

Salmos 119:27

ANALIZA EL PASAJE

Pasaje del día: ***Colosenses 2:8-15***

Los siguientes puntos te ayudarán a marcar el camino en el proceso de comprensión de este pasaje.

TEMAS

¿Cuáles son los temas principales de este pasaje?

ESTRUCTURA

¿Cuáles son las distintas partes de este pasaje?

CONTEXTO

¿Cómo este pasaje se relaciona con los versos anteriores y los que le siguen del libro?

CRISTO EN EL TEXTO

¿De qué manera puedes ver la obra o el carácter de Cristo revelados en este pasaje?

TEMA UNIFICADOR

¿Cuál crees que es el tema unificador de este pasaje?

PROFUNDIZA EN SUS VERDADES

De una manera u otra, todos somos filósofos. La filosofía puede definirse como el amor y la búsqueda de la verdad, y cada una de nosotras, de alguna manera, tenemos nuestra propia visión del mundo.

La iglesia en Colosas tenía sus propios filósofos. En los momentos en los que Pablo les escribe, estaban enfrentando el peligro de la influencia de falsos maestros con filosofías de acuerdo a las tradiciones de los hombres y no según Cristo.

En medio de estas corrientes dañinas, Pablo les hace un llamado de alerta: «Mirad que nadie os haga cautivos por medio de su filosofía y vanas sutilezas, según la tradición de los hombres, conforme a los principios elementales del mundo y no según Cristo» (v. 8).

De acuerdo a lo que ves en el verso 8, escribe todo lo que este verso nos dice sobre el tipo de filosofía que ellos debían rechazar:

Luego de hacernos un llamado de alerta, en los versos 9-15, encontramos aquello que sucedió para que nosotras pudiéramos ser libres de toda filosofía de este mundo.

Pablo comienza esta sección con dos grandes declaraciones:

1. **Toda la plenitud de la Deidad reside corporalmente en Cristo:** Esta declaración destruye la idea que los gnósticos tenían de que la plenitud venía a través de emanaciones y mediadores angelicales. Podemos ver la plenitud de Dios en la creación, pero en Cristo vemos el rostro mismo de Dios. Toda la plenitud se encuentra únicamente en Dios encarnado, Cristo Jesús.

2. **Ustedes han sido hechos completos en Él:** Cristo, lleno de toda Deidad, nos completa. Solo Cristo puede contener toda la plenitud de la Deidad, pero nosotras somos llenas de Su plenitud. ¡Hemos sido completas en Él!

La frase clave en toda esta sección es «en Él».

¿Puedes contar cuántas veces aparece en el texto? ____________

En Jesús estamos completas. En los versos 11-15, Pablo nos muestra cómo Jesús hizo esto posible:

Verso 11: ***«... en Él también fuisteis circuncidados con una circuncisión no hecha por manos, al quitar el cuerpo de la carne mediante la circuncisión de Cristo».*** Este verso provee una metáfora para la crucifixión. Aquí, cuando nos está hablando de la circuncisión, no se está refiriendo al acto literal, sino a la muerte de Cristo. La crucifixión de Cristo requirió no el remover una pequeña parte de Su carne, sino todo Su cuerpo de una manera violenta a través de Su muerte.

Ahora en Él, los colosenses creyentes, de manera espiritual, comparten su muerte. Su cuerpo de carne les ha sido quitado y ellos han muerto a su antigua manera de vivir.

¿Qué nos dice Romanos 6:6-7 sobre esta gloriosa realidad?

El viejo hombre, aquello que éramos antes de nuestra conversión, ha sido crucificado en Cristo. Esta es la plenitud que hemos recibido de Él: porque hemos sido crucificadas en Cristo podemos vivir en plenitud, libres del dominio del pecado. En este mundo, en el que todos están buscando la plenitud, los creyentes son los únicos que pueden tenerla de una manera genuina.

Verso 12b: ***«... en el cual también habéis resucitado con Él por la fe en la acción del poder de Dios, que le resucitó de entre los muertos».***

Esta resurrección de la que Pablo nos está hablando aquí no es futura: es ahora. Estamos vivos para Dios en Cristo Jesús. ¡El poder que levantó a Jesús de entre los muertos nos ha resucitado a nosotras también!

¿Qué nos enseña Efesios 2:6 sobre la realidad de nuestra presente resurrección?

Versos 13-15: ***«Y cuando estabais muertos en vuestros delitos y en la incircuncisión de vuestra carne, os dio vida juntamente con Él, habiéndonos perdonado todos los delitos, habiendo cancelado el documento de deuda que consistía en decretos contra nosotros y que nos era adverso, y lo ha quitado de en medio, clavándolo en la cruz. Y habiendo despojado a los poderes y autoridades, hizo de ellos un espectáculo público, triunfando sobre ellos por medio de Él».***

La realidad de nuestra vida pasada: estábamos muertos en nuestros delitos, pero Dios intervino. Cuando estábamos en esta condición, Dios nos dio vida en Cristo:

- **Perdonando todos nuestros delitos:** No solo algunos de nuestros pecados, todos ellos han sido perdonados por Cristo: los pecados pasados, presentes y futuros. Su obra en la cruz es total y completa.

- **Cancelando nuestra deuda:** Por causa del pecado, todo ser humano tiene una deuda con Dios que es incapaz de pagar; pero, por la obra de Cristo, esa deuda ha sido cancelada y clavada con Él en la cruz.

- **Triunfando sobre los poderes y autoridades:** A través de Su muerte, sepultura y resurrección, Jesús ha alcanzado una victoria total contra los poderes y autoridades. Él quiere que sepamos que, aunque ellos todavía existen, han sido derrotados.

No tenemos que temer por el resultado de nuestra batalla con el mal. ¡Jesús ha vencido!

Si estás espiritualmente muerta, sin una vida de resurrección bajo el poder del pecado y la culpa, Cristo te invita a venir a Él:

«Todos los sedientos, venid a las aguas;
y los que no tenéis dinero, venid, comprad y comed.
Venid, comprad vino y leche
sin dinero y sin costo alguno.
¿Por qué gastáis dinero en lo que no es pan,
y vuestro salario en lo que no sacia?
Escuchadme atentamente, y comed lo que es bueno,
y se deleitará vuestra alma en la abundancia.
Inclinad vuestro oído y venid a mí,
escuchad y vivirá vuestra alma.
y haré con vosotros un pacto eterno,
conforme a las fieles misericordias mostradas a David».
Isaías 55:1-3

APLÍCALO A TU VIDA

El pasaje de hoy comienza advirtiendo a los colosenses que no se dejen cautivar por vanas filosofías.

¿Puedes identificar alguna filosofía en el día de hoy de la que Pablo nos hubiese escrito que nos cuidemos?

¿Has sido cautivada de alguna manera por ellas? ¿Cómo?

¿Qué crees que podrías hacer para cuidar tu mente de las vanas filosofías de este mundo?

En vista de todo lo que Cristo ha hecho por nosotras, ¿por qué buscar en alguien o algo más fuera de Cristo nuestra plenitud?

Procura cultivar relaciones, pero no busques en ellas tu plenitud porque te decepcionarán. Procura desarrollarte profesionalmente, pero no pienses que vas a encontrar en ello una plenitud duradera. En Cristo tenemos todo lo que necesitamos. ¡En Él estamos completas!

Si estás vacía, ¡clama a Cristo! No dejes que pase un día más sin venir a Él. Él ha triunfado, Él te ha dado vida, Él es el único que puede llenarte otra vez.

«El Espíritu y la esposa dicen: Ven. Y el que oye, diga: Ven. Y el que tiene sed, venga; y el que desea, que tome gratuitamente del agua de la vida» (Apoc. 22:17).

Verdad para recordar: Cristo es el único que puede traer plenitud y total satisfacción a tu vida. En Él tienes todo lo que necesitas para la vida y la piedad. En Él tienes a tu disposición el poder que lo levantó de entre los muertos. ¡En Él estás completa!

RESPONDE EN ORACIÓN

Adora: Exalta el nombre del Señor porque con Él has sido crucificada y tu deuda ha sido pagada.

Agradece: Dale gracias porque toda la plenitud que tu vida necesita está a tu disposición en Cristo Jesús.

Confiesa: Lleva delante del Señor todo intento de buscar tu satisfacción y plenitud en cualquier otro lugar fuera de Él.

Suplica: Pídele que te ayude a ver a Cristo como tu tesoro y la única fuente de la que al beber no tendrás sed jamás.

Día 4

PREPARA TU CORAZÓN

Usa este salmo para orar al Señor:

«De tristeza llora mi alma; fortaléceme conforme a tu palabra. Quita de mí el camino de la mentira, y en tu bondad concédeme tu ley. He escogido el camino de la verdad; he puesto tus ordenanzas delante de mí. Me apego a tus testimonios; SEÑOR, no me avergüences».

Salmos 119:28-31

ANALIZA EL PASAJE

Pasaje del día: ***Colosenses 2:16-19***

Los siguientes puntos te ayudarán a marcar el camino en el proceso de comprensión de este pasaje.

TEMAS

¿Cuáles son los temas principales de este pasaje?

ESTRUCTURA

¿Cuáles son las distintas partes de este pasaje?

CONTEXTO

¿Cómo este pasaje se relaciona con los versos anteriores y los que le siguen del libro?

CRISTO EN EL TEXTO

¿De qué manera puedes ver la obra o el carácter de Cristo revelados en este pasaje?

TEMA UNIFICADOR

¿Cuál crees que es el tema unificador de este pasaje?

PROFUNDIZA EN SUS VERDADES

La plenitud es algo que todos están buscando, y de alguna manera u otra este mundo y sus corrientes nos hacen ofertas para alcanzarla, pero están muy alejadas de la real fuente de esta.

Para los colosenses, la situación no era muy diferente. Ellos estaban siendo persuadidos por falsas filosofías que prometían proveerles esa plenitud apartados de Cristo y enraizados en el legalismo, (la religión de los logros humanos); buscaban una espiritualidad basada no solo en Cristo, sino también en las obras.

Pablo entonces les advierte en los versos 16 y 17 en contra de esto en dos áreas: dieta y días.

En cuanto a la dieta, algunos creían y estaban enseñando que el camino a Dios y la plenitud espiritual serían alcanzados si los creyentes de Colosas volvían a las leyes sobre la dieta del Antiguo Testamento. En este, encontramos alimentos categorizados como puros o impuros (puedes aprender más de esto en Lev. 11:2-20). Es importante que tengamos en cuenta que estas leyes del Antiguo Testamento tenían un propósito en cuanto a la salud y principalmente un propósito espiritual que fueron cumplidos en ese momento. Ya los colosenses pertenecían a un nuevo pacto y Cristo mismo dejó ver que no era necesario el cumplimiento de estas leyes (Mar. 7:14-19).

Aunque cuidar la alimentación tiene sus beneficios, las disciplinas alimenticias no son un signo de espiritualidad. No debemos juzgar a otros, y nadie debe pasar un juicio religioso sobre nosotros en función de esto.

¿Qué ves en los siguientes pasajes sobre esta verdad a la que Pablo se está refiriendo?

HECHOS 10:13-16; 1 CORINTIOS 8:8:

Esto mismo es aplicable a la advertencia que Pablo les hace de los días de fiesta. Los judíos tenían sus días de fiesta especiales (Lev. 25), sus celebraciones de «Luna nueva» (Isa. 1:13) y el sábat (Ex. 20:9-11). Cuando Cristo vino, ¡Él cumplió todo esto! Ya no celebramos el sábat porque ahora adoramos en el «Día del Señor» (Apoc. 1:10).

¿Qué nos enseña el verso 17 sobre estas restricciones de dieta y días de reposo?

Pablo les advierte esto porque los creyentes están completos en Cristo, quien ha provisto completa salvación, perdón y victoria sobre el poder del pecado. Por lo tanto, la libertad que tenemos en Él no debe ser sacrificada para someternos a reglas humanas.

Lo que el apóstol está enseñando aquí es sencillo. La verdadera espiritualidad no tiene nada que ver con guardar normas externas, sino con gozar de una relación íntima con Jesucristo y encontrar toda nuestra plenitud en Él.

El texto continúa, y en los versos 18-19 encontramos otra área sobre la que los colosenses son advertidos: el misticismo.

El misticismo puede ser visto como el buscar una experiencia religiosa más profunda, basada en las emociones y los sentimientos, dejando de lado todo lo intelectual. Los falsos maestros que estaban influenciando a estos creyentes decían tener una unión mística con Dios, y Pablo los exhorta a no dejar que nadie los defraude de su premio.

Ellos tenían una falsa humildad, practicaban la adoración a los ángeles y pretendían tener visiones; estaban envanecidos por su mente carnal.

Ahora, la raíz del problema de estos falsos maestros está en el verso 19: ***«... pero no asiéndose a la Cabeza, de la cual todo el cuerpo, nutrido y unido por las coyunturas y ligamentos, crece con un crecimiento que es de Dios».***

Los falsos maestros no tenían ni tienen parte en el cuerpo de Cristo. Por lo tanto, como nos deja ver el texto, no hay ningún tipo de madurez espiritual en ellos porque esta viene únicamente de la unión con Cristo.

Toda la plenitud del creyente es encontrada únicamente en Jesús, no en las obras externas ni en experiencias espirituales. La respuesta al legalismo se encuentra enfocándonos continuamente en la gracia de Cristo. La respuesta al misticismo es un entendimiento profundo de nuestra relación con Cristo. Estamos llamadas a vivir en un reconocimiento de haber muerto y resucitado en Cristo Jesús. En Él estamos completas.

APLÍCALO A TU VIDA

En el pasaje de hoy vimos cómo los colosenses habían sido advertidos por Pablo de guardarse del legalismo. Para ellos las obras externas de legalismo consistían en guardar ciertas dietas o días de fiesta. Para nosotras hoy puede ser diferente.

¿Puedes pensar en diferentes formas de legalismo aplicables al día de hoy?

¿Alguna de ellas las has visto en tu vida? Quizás podría ser la práctica de disciplinas espirituales sin un corazón conectado al Señor o tratar de mantener cierto comportamiento, tener ciertas restricciones o una vida llena de «no hagas» sin un corazón que se deleite en Cristo y busque su plenitud en Él.

¿De qué maneras crees que puedes enfocarte más en la gracia de Dios para dejar de lado el legalismo en tu vida o cuidarte del mismo?

Verdad para recordar: Solamente permaneciendo sostenidas de Cristo podemos encontrar plenitud y crecimiento espiritual para nuestras vidas. Jesús nos invita a encontrar en Él la satisfacción que nadie ni nada más nos puede dar.

RESPONDE EN ORACIÓN

Adora: Ve delante de Dios en adoración por la gracia que nos ofrece para vivir libres de la esclavitud del legalismo.

Agradece: Dale gracias al Señor por proveernos en Él todo lo que necesitamos para una vida plena.

Confiesa: Lleva en arrepentimiento delante del Señor cualquier evidencia de legalismo que hayas identificado en tu vida.

Suplica: Pídele que te dé un corazón que pueda encontrar deleite y satisfacción en Él.

Día 5

PREPARA TU CORAZÓN

Usa este salmo para orar al Señor:

«Enséñame, oh SEÑOR, el camino de tus estatutos, y lo guardaré hasta el fin. Dame entendimiento para que guarde tu ley y la cumpla de todo corazón».

Salmos 119:33-34

ANALIZA EL PASAJE

Pasaje del día: ***Colosenses 2:20-23***

Los siguientes puntos te ayudarán a marcar el camino en el proceso de comprensión de este pasaje.

TEMAS

¿Cuáles son los temas principales de este pasaje?

ESTRUCTURA

¿Cuáles son las distintas partes de este pasaje?

CONTEXTO

¿Cómo este pasaje se relaciona con los versos anteriores y los que le siguen del libro?

CRISTO EN EL TEXTO

¿De qué manera puedes ver la obra o el carácter de Cristo revelados en este pasaje?

TEMA UNIFICADOR

¿Cuál crees que es el tema unificador de este pasaje?

PROFUNDIZA EN SUS VERDADES

Nuestra manera de vivir debe estar moldeada por lo que somos. Esta es una realidad que conocemos, pero que no muchas veces vivimos. En ocasiones nos dejamos llevar por formas de vivir que son completamente opuestas a nuestra identidad como creyentes. ¿Te ha pasado?

Los colosenses tenían una identidad en Cristo, pero estaban siendo influenciados por una corriente (además del legalismo y el misticismo) que los estaba llevando a una manera de vivir muy alejada de su identidad en Cristo.

En los versos 20-23, vemos cómo Pablo les advierte en contra de practicar un estilo de vida austero, renunciando a los placeres materiales, con la finalidad de obtener perfección moral y espiritual. A esta corriente se le llama ascetismo.

Dentro de la descripción que Pablo da, podemos ver que esta corriente:

- Es una religión humana.
- Tiende a aumentar las tentaciones de la carne.
- Produce un acercamiento defensivo y sin gozo a la vida.
- Es una expresión de independencia de Dios.

En resumidas cuentas, esta manera de vivir termina alimentando la carne mientras «trata de dejarla morir» porque, como nos dice el mismo pasaje en el verso 23, todas estas normas externas tienen cierta apariencia de piedad, pero no tienen ningún valor contra los apetitos de la carne.

¿Por qué crees que todas estas normas no tienen poder contra los apetitos de la carne?

Ahora bien, lo esencial de este pasaje, la razón por la que Pablo los exhorta a no vivir de esta manera, se encuentra en el verso 20: ¿si ustedes han muerto con Cristo, por qué viven como si todavía estuvieran en el mundo?

Los creyentes a los que Pablo se estaba dirigiendo habían muerto con Cristo; ellos habían sido liberados del poder del pecado y no necesitaban someterse a normas como estas con el propósito de que esto les proveyera lo que solo Cristo puede darles, porque toda la plenitud se encuentra solamente en Cristo (2:9).

El poder contra los apetitos de nuestra carne se encuentra únicamente en Cristo Jesús y no en normas humanas, y Cristo con Su muerte en la cruz nos ha dado libertad del poder de la carne y del pecado. Nosotras, al igual que los colosenses, estamos llamadas a vivir de acuerdo a esa libertad que ya poseemos en Cristo.

Solamente en Cristo estamos completas, somos santificadas y podemos vivir en plenitud.

APLÍCALO A TU VIDA

¿Cuáles cosas te tientan a actuar como si aún pertenecieras al mundo y sus principios?

¿Puedes identificar en tu vida algún área en la que estés rigiéndote únicamente por reglas con el fin de alcanzar crecimiento espiritual y luchar contra los apetitos de tu carne?

Verdad para recordar: ¡Con Cristo hemos sido crucificadas y Él vive en nosotras! Vive de acuerdo a esta verdad, vive conforme a la libertad que te ha sido dada en Él.

RESPONDE EN ORACIÓN

Adora: ¡Cristo es digno de ser exaltado; Él nos ha hecho libres del poder del pecado!

Agradece: Da gracias porque con Cristo hemos sido crucificadas y ya no vivimos nosotras, sino que es Cristo el que vive.

Confiesa: Lleva delante del Señor cualquier área de tu vida en la que hayas estado buscando crecimiento espiritual a través de reglas y normas, pero apartada de Cristo.

Suplica: Pídele al Señor que te ayude a vivir conforme a la libertad del poder del pecado que Él ya te ha otorgado.

TERCERA SEMANA

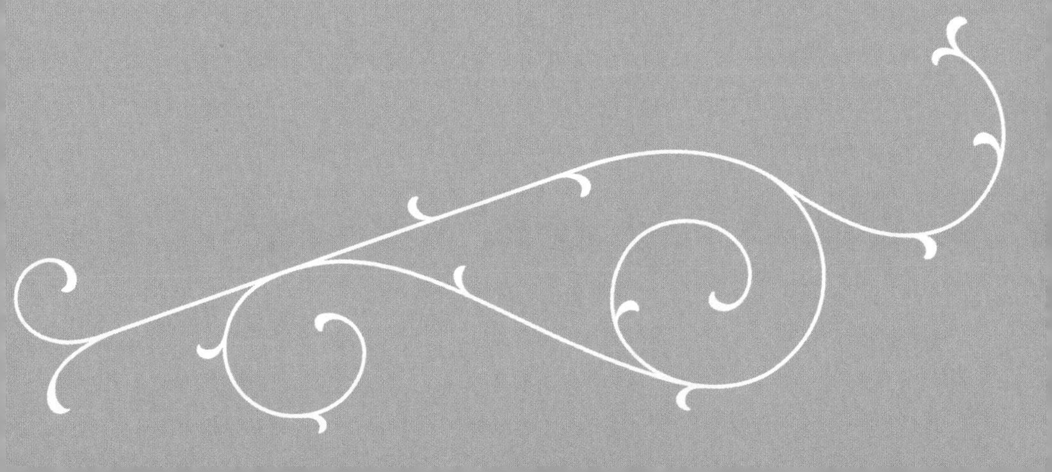

Día 1

Antes de hacer cualquier otra cosa, te invito a presentarte delante de Dios en oración; Él es quien abre nuestros ojos para que podamos verlo y Él es quien a través de Su Palabra nos transforma.

«Abre mis ojos, para que vea las maravillas de tu ley».

Salmos 119:18

Lee el capítulo 3 de Colosenses, por lo menos, dos veces para que puedas familiarizarte con el texto. En tu lectura de este tercer capítulo, procura contestar lo siguiente:

¿Qué palabras importantes se repiten?

¿Qué ideas se repiten?

¿Qué atributo de Dios se enfatiza o exalta?

¿Hay alguna idea que pareciera confusa?

¿Qué temas encuentras en el tercer capítulo?

Día 2

PREPARA TU CORAZÓN

Usa este salmo para orar al Señor:

«Enséñame, oh Señor, el camino de tus estatutos, y lo guardaré hasta el fin. Dame entendimiento para que guarde tu ley y la cumpla de todo corazón».

Salmos 119:33-34

ANALIZA EL PASAJE

Pasaje del día: ***Colosenses 3:1-4***

Los siguientes puntos te ayudarán a marcar el camino en el proceso de comprensión de este pasaje.

TEMAS

¿Cuáles son los temas principales de este pasaje?

ESTRUCTURA

¿Cuáles son las distintas partes de este pasaje?

CONTEXTO

¿Cómo este pasaje se relaciona con los versos anteriores y los que le siguen del libro?

CRISTO EN EL TEXTO

¿De qué manera puedes ver la obra o el carácter de Cristo revelados en este pasaje?

TEMA UNIFICADOR

¿Cuál crees que es el tema unificador de este pasaje?

PROFUNDIZA EN SUS VERDADES

«Si habéis, pues, resucitado con Cristo...» (v. 1). Pablo comienza este capítulo mostrándonos otra parte de nuestra identificación con Cristo. No solo hemos muerto con Él, como vimos en el capítulo 2, también hemos resucitado con Cristo.

Sabemos que resucitaremos con Cristo en la resurrección final, pero ¿qué significa esto ahora?

¿Cómo te ayudan los pasajes a entender esto mejor?

- Romanos 6:1-13
- Efesios 2:4-7

Hay un resultado natural que debe producirse en nuestra vida al haber resucitado con Cristo, y aquí vemos a Pablo exhortando a los colosenses en dos áreas distintas:

1. Buscar las cosas de arriba

El pasaje nos llama a **buscar**. Esta búsqueda de la que nos está hablando no es solo de un momento. El mandato es a una búsqueda continua de aquellas cosas que están arriba relacionadas a Cristo y Su reino.

Ahora, como nos enseña el verso 2, para que esta búsqueda tenga resultados en nuestra vida debemos poner nuestra mira y fijar nuestra mente en las cosas de arriba porque aquello en lo que pongamos nuestra mente determinará nuestra búsqueda y dirección en nuestra vida cristiana.

¿De qué maneras Lucas 12:34 te ayuda a entender la necesidad de «fijar nuestra mente»?

2. Quitar la mirada de las cosas de este mundo

El pasaje no solo nos llama a buscar las cosas de arriba, sino que también nos dice que no fijemos nuestra mirada en las cosas de la tierra. Aquí Pablo no se está refiriendo únicamente a lo material, sino también a lo inmaterial: búsqueda de honor, reconocimiento, posición; todo lo que sea de este mundo en lo que estemos tratando de encontrar nuestra identidad y valor.

Finalmente, en los versos 3 y 4, vemos la razón de esta exhortación: el pasado y el futuro de los verdaderos creyentes.

- Lee detenidamente estos versos e identifica lo que en Cristo nos ha sucedido y nos sucederá:

Pasado:

Futuro:

Por lo que Cristo ha hecho y lo que hará, ¡que nuestras mentes estén fijas en las cosas de arriba!

APLÍCALO A TU VIDA

¿Está tu mente fija en Cristo? ¿En qué piensas cuando no tienes nada que hacer, cuando sientes temor o cuando estás llena de ansiedad?

¿Qué fundamento nos da Gálatas 2:20 para cumplir con el llamado de poner nuestra mirada en Cristo y buscar las cosas de arriba?

¿Cómo crees que la oración y la memorización de la Palabra pueden ayudarte a fijar tu mente en Cristo?

Verdad para recordar: ¡Nuestras vidas están seguras en Cristo y seremos manifestadas con Él en gloria! Que cobre aliento tu corazón por lo que Él ya ha hecho y puedas vivir con tus ojos puestos en Él.

RESPONDE EN ORACIÓN

Adora: ¡Exalta el nombre de Cristo porque Su resurrección asegura la nuestra!

Agradece: Lleva acciones de gracias delante de nuestro Señor porque en Cristo tenemos vida, y esa vida está segura en Él.

Confiesa: Ve delante del Señor en arrepentimiento si te has dado cuenta de que tus ojos han estado puestos en las cosas de este mundo y no en Él.

Suplica: Pídele al Señor que te dé un corazón que busque continuamente las cosas de Cristo y Su reino.

Día 3

PREPARA TU CORAZÓN

Usa este salmo para orar al Señor:

«Inclina mi corazón a tus testimonios y no a la ganancia deshonesta. Aparta mis ojos de mirar la vanidad, y vivifícame en tus caminos. Confirma a tu siervo tu palabra, que inspira reverencia por ti».

Salmos 119:36-38

ANALIZA EL PASAJE

Pasaje del día: ***Colosenses 3:5-11***

Los siguientes puntos te ayudarán a marcar el camino en el proceso de comprensión de este pasaje.

TEMAS

¿Cuáles son los temas principales de este pasaje?

ESTRUCTURA

¿Cuáles son las distintas partes de este pasaje?

CONTEXTO

¿Cómo este pasaje se relaciona con los versos anteriores y los que le siguen del libro?

CRISTO EN EL TEXTO

¿De qué manera puedes ver la obra o el carácter de Cristo revelados en este pasaje?

TEMA UNIFICADOR

¿Cuál crees que es el tema unificador de este pasaje?

PROFUNDIZA EN SUS VERDADES

En los versos de este pasaje, encontramos a Pablo llamando a los colosenses a dar muerte a los comportamientos que pertenecen al viejo hombre, eso que éramos antes de que Cristo nos hiciera nacer de nuevo en Él.

Lo que vemos en este texto es el resultado natural de lo que Pablo ya ha expuesto en los versos anteriores, donde Él nos deja ver que hemos muerto en Cristo y nuestra vida está en Él. El llamado de estos versos descansa en lo que Cristo ya ha hecho.

¿Cuáles son los dos imperativos (mandatos) que Pablo da con relación al viejo y terrenal hombre?

El primer llamado a la acción que encontramos es a «considerar» a los miembros de nuestro cuerpo terrenal como muertos. Antes de las obras externas que debemos hacer, debe suceder algo internamente porque nuestros pensamientos moldean y determinan nuestras acciones. Lo primero que debemos hacer entonces es considerar, ver nuestro cuerpo como muerto a estas áreas de pecado que Pablo menciona; y, cuando esto ocurra, el dejar y desechar al viejo hombre llegará de manera natural en nosotras.

Entonces, luego del cambio de mente que debe ocurrir en nosotras, Pablo nos presenta varias listas de pecados a los que debemos considerarnos como muertas.

El verso 5 nos da una primera lista de aquello a lo que debemos dar muerte.

¿Qué puedes observar sobre esta agrupación?

Una de las áreas a desechar que menciona este verso es la avaricia, y menciona que este pecado es idolatría.

¿Por qué crees que es así?

En el verso 8 encontramos otra lista de pecados que estamos llamadas a desechar.

¿Qué características notas en ella?

En estos versos tenemos un llamado a desechar todas estas áreas de pecados relacionadas a una sexualidad distorsionada y a un lenguaje y actitudes destructivas. Todo esto debido a que tenemos:

1. Un nuevo ser: Hemos sido hechas nuevas en Cristo y nos hemos vestido de ese nuevo ser que en Cristo ha sido creado y se va renovando a la imagen de su Creador (v. 10).

2. Nuevas relaciones: Porque en Cristo somos uno y, cuando vivimos acorde a nuestro nuevo ser, las barreras raciales son derrumbadas.

¡Cristo es quien nos une!

APLÍCALO A TU VIDA

Considerando los primeros versos de este capítulo, vuelve a revisar las listas de los versos 5 y 8.

¿Cuáles podrían ser algunas formas en las que de manera activa puedes deshacerte y dar muerte a estas áreas de pecado?

¿De qué maneras crees que puede ser llevado a cabo el llamado a considerar tu cuerpo terrenal como muerto al pecado? ¿Qué se requiere para esta transformación de tu mente?

Este pasaje nos enseñó que vivir de acuerdo a nuestro nuevo ser nos permite disfrutar de la unidad que en Cristo hemos recibido.
¿Qué diferencia crees que esto puede hacer en tu vida? ¿De qué manera tus relaciones se han visto afectadas por la práctica de estos pecados que corresponden al viejo hombre?

Verdad para recordar: ¡En Cristo somos nuevas criaturas! Él ha creado nuestro nuevo ser, nuestra única labor es despojarnos y vestirnos.

RESPONDE EN ORACIÓN

Adora: Exalta al Señor porque en Él has sido hecha nueva.

Agradece: Dale gracias porque tu nuevo ser que Él ha creado se va renovando conforme a su imagen.

Confiesa: Lleva delante del Señor cualquier área de pecado del viejo hombre de la que no te estés despojando y dando muerte.

Suplica: Pídele al Señor que renueve tu mente y te permita verte a ti misma como muerta al pecado, pero viva para Dios.

Día 4

PREPARA TU CORAZÓN

Usa este salmo para orar al Señor:

«Y me deleitaré en tus mandamientos, los cuales amo. Levantaré mis manos a tus mandamientos, los cuales amo, y meditaré en tus estatutos».

Salmos 119:47-48

ANALIZA EL PASAJE

Pasaje del día: ***Colosenses 3:12-17***
Los siguientes puntos te ayudarán a marcar el camino en el proceso de comprensión de este pasaje.
TEMAS
¿Cuáles son los temas principales de este pasaje?

ESTRUCTURA

¿Cuáles son las distintas partes de este pasaje?

CONTEXTO

¿Cómo este pasaje se relaciona con los versos anteriores y los que le siguen del libro?

CRISTO EN EL TEXTO

¿De qué manera puedes ver la obra o el carácter de Cristo revelados en este pasaje?

TEMA UNIFICADOR

¿Cuál crees que es el tema unificador de este pasaje?

PROFUNDIZA EN SUS VERDADES

No sé si eres como yo, pero mi tendencia natural frente a cualquier circunstancia es hacer algo. Siempre estoy buscando qué es lo que debo hacer, pero poco me detengo a pensar en el por qué.

Este pasaje (y de hecho toda la Escritura) nos muestra que lo que somos determina lo que hacemos, y el verso 12 nos deja ver lo que somos en Cristo:

Escogidas: Dios nos eligió para salvación. A pesar de nuestra maldad y mucho antes de que hubiéramos hecho bien o mal, Él nos eligió. No por nosotras, sino por Él.

Santas: Esto significa que fuimos «separadas» o «apartadas». Dios escogió a aquellos destinados para salvación y los atrajo hacia Él, para exaltar su gracia, para consagrarnos para nuestro servicio a Él y para recibir la santidad de Cristo.

Amadas: Somos el objeto del amor especial de Dios y la mayor muestra de esto es ¡la obra de Cristo en la cruz!

Entonces esta nueva identidad nos llama a un nuevo caminar. En el pasaje del día anterior, veíamos como estamos llamadas a desechar y despojarnos; ahora en los próximos versos, veremos de qué debemos revestirnos como un accionar continuo en nuestra vida como creyentes.

¿Cuál es la lista que Pablo nos da en los versos 12 y 13?

Pablo nos llama a vivir en lo siguiente:

Compasión: Identificándonos y actuando ante las necesidades del otro.

Bondad: Actuando generosamente hacia el otro aun cuando no lo merece o no nos responde de la misma manera.

Humildad: Evaluándonos de manera honesta a la luz de la santidad de Dios y nuestra propia pecaminosidad.

Mansedumbre: Viviendo con docilidad y suavidad en nuestro carácter, con fortaleza bajo el control y la dirección de Dios.

Paciencia: Sabiendo esperar o continuar haciendo algo a pesar de las dificultades; aprendiendo a sufrir sin quejarse, enojarse o llenarse de ansiedad.

El Señor nos llama en este pasaje a revestirnos de cada una de estas características sabiendo que este llamado es en función de lo que somos en Él.

Entonces cuando nos vestimos de estas características santas, en comunión con los demás, hacemos lo que nos dice el pasaje en el verso 13: «... soportándoos unos a otros y perdonándoos unos a otros, si alguien tiene queja contra otro; como Cristo os perdonó, así también hacedlo vosotros».

Mientras vivimos en comunión con los demás, el perdón debe ser lo que nos caracterice. Como Cristo nos perdonó, así debemos perdonar.

El pasaje continúa y el verso 14 nos muestra una característica esencial que sostiene todas las anteriores: «Y sobre todas estas cosas, vestíos de **amor**, que es el vínculo de la unidad».

El amor es el atributo que de manera natural nos inclinará a actuar con las características anteriores.

Finalmente, en los versos 15-17, encontramos lo que Pablo desea que habite y reine en ellos y cómo debemos vivir en cada área de nuestra vida:

- Que la paz de Cristo reine en sus corazones: Que esa paz que solo Cristo da, que no tiene nada que ver con la ausencia de conflictos, sino con Su presencia en nosotras, nos haga estar completas.
- Que la Palabra habite en abundancia: Que la Palabra llene nuestra mente y nuestros corazones.
- Haciéndolo todo en el nombre del Señor: Que cuando nuestras vidas están llenas de Cristo, fluyan de nosotras alabanzas a Su Nombre en palabras y hechos.

¡Que esto suceda con una actitud de gratitud en nuestros corazones!

¡Vivamos como es digno de Él por lo que somos en Él!

APLÍCALO A TU VIDA

¿Qué diferencia hace en tu vida, frente a cada circunstancia, el saber que eres escogida, santa y amada?

De las características de las que Pablo nos llama a revestirnos, ¿en qué formas crees que no has estado viviendo en ellas?

¿En qué situación en particular puedes trabajar en obedecer el llamado de soportarnos unos a otros? ¿Cómo te ayuda el saber que debemos perdonar como Cristo nos ha perdonado?

¿Qué significa en tu vida hacer todo en el nombre de Jesús?

Verdad para recordar: Cuando tu pecado te acuse, recuerda que eres elegida por Dios y Su elección es segura. Cuando te sientas sola, recuerda que eres amada por Dios ¡y Su muestra más grande de amor es Cristo Jesús!

RESPONDE EN ORACIÓN

Adora: Exalta al Señor por Su obra en la cruz, que nos permite ser amadas y santas de Dios.

Agradece: Da gracias porque gracias a Cristo eres escogida, santa y amada por Dios.

Confiesa: Ve en arrepentimiento delante de Dios y confiesa cualquier área en la que no hayas estado viviendo en el nombre del Señor.

Suplica: Si pedimos cualquier cosa conforme a Su voluntad, Él nos oye. Pídele al Señor que te dé un corazón revestido de amor, que es el vínculo de la unidad.

Día 5

PREPARA TU CORAZÓN

Usa este salmo para orar al Señor:

«El Señor es mi porción; he prometido guardar tus palabras.
Supliqué tu favor con todo mi corazón; ten piedad de mí conforme a tu promesa.
Consideré mis caminos, y volví mis pasos a tus testimonios.
Me apresuré y no me tardé en guardar tus mandamientos».

Salmos 119:57-60

ANALIZA EL PASAJE

Pasaje del día: ***Colosenses 3:18-4:1***

Los siguientes puntos te ayudarán a marcar el camino en el proceso de comprensión de este pasaje.

TEMAS

¿Cuáles son los temas principales de este pasaje?

ESTRUCTURA

¿Cuáles son las distintas partes de este pasaje?

CONTEXTO

¿Cómo este pasaje se relaciona con los versos anteriores y los que le siguen del libro?

CRISTO EN EL TEXTO

¿De qué manera puedes ver la obra o el carácter de Cristo revelados en este pasaje?

TEMA UNIFICADOR

¿Cuál crees que es el tema unificador de este pasaje?

PROFUNDIZA EN SUS VERDADES

Hasta aquí hemos visto la plenitud de Cristo, quien creó y sostiene todo el universo por Su poder, y hemos analizado cómo esa plenitud tiene implicaciones para cada área de nuestra vida.

El día de hoy revisaremos las implicaciones de la suficiencia de Cristo en nuestros hogares y trabajos, en el contexto de nuestras relaciones.

Las primeras implicaciones las vemos en el ambiente familiar, en los versos 18-21:

«Mujeres, estad sujetas a vuestros maridos, como conviene en el Señor. Maridos, amad a vuestras mujeres y no seáis ásperos con ellas. Hijos, sed obedientes a vuestros padres en todo, porque esto es agradable al Señor. Padres, no exasperéis a vuestros hijos, para que no se desalienten».

Mujeres: Estén sujetas a sus maridos.

A pesar de lo que las voces de hoy en día tratan de enseñarnos con relación a la posición de la mujer, no puede haber plenitud en Cristo dentro de un matrimonio cuando la mujer no está sujeta a su marido.

Esta sumisión no es sinónimo de servilismo ni implica que la mujer debe entrar en actos pecaminosos; la obediencia a Dios está por encima de cualquier cosa. Lo que sí implica es un reconocimiento del liderazgo asignado por Dios a los hombres. Este primer llamado a la sumisión para las esposas tiene un ingrediente esencial: **como conviene en el Señor.**

Esta sumisión es conveniente y hecha en el Señor, en función en todo lo que Él ya ha hecho y nos ha enseñado.

Lee Efesios 5:22. ¿Qué idea fundamental agrega este pasaje sobre la sumisión de las esposas y más cuando esta sumisión es hecha con maridos que son difíciles?

Maridos: Amen a sus mujeres y no sean ásperos con ellas.

Aquí el mandamiento para los hombres es tan radical como el de las mujeres. El llamado es a amar a sus esposas, y este amor implica un cuidado y servicio amoroso incesante por el total bienestar de sus esposas.

¿Cuál es el estándar de Efesios 5:25 para el amor de los esposos hacia sus esposas?

Hijos: Sean obedientes a sus padres en todo.

Los hijos están llamados a obedecer a sus padres en todo aquello que sea de agrado al Señor, ya que, como mencionábamos antes, Él es nuestra primera autoridad, y la razón de este mandamiento es porque es agradable al Señor.

Padres: No exasperen a sus hijos para que no se desalienten.

El pasaje primero llama a los hijos a obedecer a sus padres en todo, pero esto no es un llamado de carta abierta para los padres. Para aquellas que somos madres, debemos tomar en cuenta el llamado de no exasperar a nuestros hijos.

¿Cómo Efesios 6:4 te ayuda a entender lo que significa este llamado de no exasperar a los hijos?

Ahora, a partir del verso 22 hasta el 4:1, Pablo comienza a dirigirse a las relaciones laborales:

Siervos: Obedezcan en todo a sus amos en la tierra.

Lo que Pablo estaba pidiendo a los siervos en este versículo no era tarea fácil. Muchos de los siervos en ese momento eran explotados por sus amos. Definitivamente Pablo no les estaba pidiendo sumisión a mandatos inmorales, sino obediencia en todo lo demás con la particularidad de que todo debía ser hecho no para ser visto por los hombres, sino con sinceridad de corazón, sin importar si la tarea era placentera o no.

Si esto no estuviera acompañado de los versos 23-25, sería casi imposible porque en ellos se encuentra la motivación detrás del llamado.

¿Cuáles son las 3 motivaciones que encontramos en estos versos?

1. ____________________

2. ____________________

3. ____________________

Amos: Traten con justicia y equidad a sus siervos.

Aquí, el llamado para los amos es a tratar de manera justa a sus siervos, a sus empleados, y la razón que Pablo da para esto es que ellos también tienen un Señor en el cielo. Tanto el amo como el siervo tienen el mismo Señor.

Jesús desea darnos plenitud en Él en nuestras relaciones maritales, familiares y profesionales, y es a través de vivir Su diseño para cada una de estas áreas que podemos encontrarlas.

APLÍCALO A TU VIDA

Cristo nos llama a vivir en Su plenitud en cada área de nuestra vida. ¿De qué manera crees que no has estado viviendo esa plenitud en las diferentes áreas que estuvimos revisando el día de hoy?

¿Quizás como esposa, en tu falta de sumisión a tu marido como conviene al Señor? ¿Como madre, al provocar a ira a tus hijos con tu manera de corregirlos? ¿Como hija al no someterte a la autoridad de tus padres? ¿Como empleada al buscar hacer tu trabajo para ser vista por los demás y no con sinceridad de corazón? ¿O como jefa al no tratar a tus empleados con justicia?

____

____

____

¿Por qué crees que vivir en la plenitud de Cristo en estas áreas requiere del sometimiento a estos llamados?

Casi en todos los llamados que este pasaje nos hace, encontramos al Señor como la motivación y el enfoque para la obediencia: «como conviene al Señor», «esto es agradable al Señor», «temiendo al Señor», «como para el Señor».

¿De qué manera esto sirve de motivación en tu vida para responder en obediencia en cada una de estas áreas?

Verdad para recordar: En Cristo podemos vivir vidas en plenitud en todas nuestras relaciones. ¡Que gloriosa es la obra de nuestro Señor que no solo nos salva, sino que también nos bendice al darnos plenitud en nuestras relaciones familiares y de trabajo!

RESPONDE EN ORACIÓN

Adora: Exalta el nombre del Señor porque nos ha dado lo que necesitamos para vivir en plenitud en Él en cada área de nuestras vidas.

Agradece: Dale gracias al Señor por Su diseño perfecto para cada una de nuestras relaciones.

Confiesa: Ve en arrepentimiento y confiesa tu falta de obediencia al Señor en las áreas en las que no has estado viviendo en su plenitud: como esposa, madre, hija, empleada o jefa.

Suplica: Pídele al Señor que te dé un corazón que desee vivir acorde a Su llamado en cada una de estas áreas con la motivación de hacerlo porque es agradable a Él.

CUARTA SEMANA

Día 1

Antes de hacer cualquier otra cosa, te invito a presentarte delante de Dios en oración; Él es quien abre nuestros ojos para que podamos verlo y Él es quien a través de Su Palabra nos transforma.

«Abre mis ojos, para que vea las maravillas de tu ley».

Salmos 119:18

Lee el capítulo 4 de Colosenses, por lo menos, dos veces para que puedas familiarizarte con el texto. En tu lectura de este cuarto capítulo, procura contestar lo siguiente:

¿Qué palabras importantes se repiten?

¿Qué ideas se repiten?

¿Qué atributo de Dios se enfatiza o exalta?

¿Hay alguna idea que pareciera confusa?

¿Qué temas encuentras en el cuarto capítulo?

Día 2

PREPARA TU CORAZÓN

Usa este salmo para orar al Señor:

«Tus manos me hicieron y me formaron; dame entendimiento para que aprenda tus mandamientos. Que los que te temen, me vean y se alegren, porque espero en tu palabra».

Salmos 119:73-74

ANALIZA EL PASAJE

Pasaje del día: ***Colosenses 4:2-6***

Los siguientes puntos te ayudarán a marcar el camino en el proceso de comprensión de este pasaje.

TEMAS

¿Cuáles son los temas principales de este pasaje?

ESTRUCTURA

¿Cuáles son las distintas partes de este pasaje?

CONTEXTO

¿Cómo este pasaje se relaciona con los versos anteriores y los que le siguen del libro?

CRISTO EN EL TEXTO

¿De qué manera puedes ver la obra o el carácter de Cristo revelados en este pasaje?

TEMA UNIFICADOR

¿Cuál crees que es el tema unificador de este pasaje?

PROFUNDIZA EN SUS VERDADES

Si hay algo que nos caracteriza como mujeres, es que somos muy relacionales, y una de las formas en las que cultivamos nuestras relaciones es a través de la conversación.

En este pasaje, ya casi al final de nuestra carta, vemos al apóstol Pablo dando sus exhortaciones de despedida, y en ella encontramos un llamado a la plenitud en nuestra comunicación.

El primer y más importante aspecto de la comunicación de la que trata este pasaje es nuestra comunicación con Dios:

«Perseverad en la oración, velando en ella con acción de gracias» (v. 2).

La idea aquí es persistencia en la oración, oración continua. El llamado a la oración que encontramos requiere intencionalidad y el estar alerta ante los peligros de este mundo y las necesidades de aquellos que están a nuestro alrededor. Estar tan alerta que, en cualquier momento y frente a cualquier necesidad, podamos desbordarnos en oración.

¿Qué te enseña Efesios 6:18 sobre esta clase de vida de oración?

Ahora, esta oración no es solamente vigilante y continua, sino que también debe estar llena de gratitud. Es una vida de oración que recuerda continuamente las bondades de Dios y agradece en todo tiempo por ellas.

Una vida de plenitud en Cristo resultará en una continua comunicación con Dios, con una actitud de alerta y acción de gracias.

Luego de hablarnos de nuestra comunicación con Dios, Pablo nos habla de nuestra comunicación con el mundo (vv. 3-6).

Lo primero que Pablo hace es pedirles a los colosenses que oren por su propia comunicación con el mundo:

«Orando al mismo tiempo también por nosotros, para que Dios nos abra una puerta para la palabra, a fin de dar a conocer el misterio de Cristo, por el cual también he sido encarcelado, para manifestarlo como debo hacerlo» (vv. 3-4).

A Pablo pareciera no importarle si él estaba en prisión o no, lo único que quería era tener más oportunidades para comunicarle al mundo las bondades de Dios a través de Jesucristo. Esto es un gran ejemplo de una vida de plenitud en Cristo.

Finalmente, en los versos 5-6, Pablo les habla sobre su testimonio con los de afuera:

- Que anden sabiamente con los de afuera.
- Que su comunicación sea llena de gracia y que responda a cada persona de acuerdo a su necesidad.

¿Qué nos deja ver Mateo 12:34 sobre lo que necesitamos para que nuestras palabras estén llenas de gracia?

Que nuestros corazones vivan en continua comunicación con Dios, atentos a las necesidades de los demás y llenos de gratitud. Que podamos comunicar a otros el evangelio de Jesucristo con claridad y gracia.

APLÍCALO A TU VIDA

Nuestra continua oración revela un corazón pleno en Cristo que no puede hacer otra cosa más que vivir en constante comunicación con Dios.

¿Cómo está tu vida de oración?

¿Cuáles cosas prácticas puedes hacer para ser intencional en perseverar en la oración?

¿Son tus oraciones basadas únicamente en tus propias necesidades? Si es así, ¿qué crees que esto revela de tu corazón y cuál es el llamado que vimos nos hace este pasaje?

El apóstol Pablo no consideraba ni siquiera su libertad como algo a qué aferrarse, con tal de llevar las gloriosas verdades del evangelio.

¿Es el evangelio tan preciado para ti como lo era para Pablo?

¿Qué crees que significa que nuestras palabras deben ser con gracia y sazonadas con sal? ¿Puedes pensar en algún ejemplo en tu propia vida?

Verdad para recordar: No hay verdad más gloriosa que la muerte de Cristo por nuestros pecados, para nuestra salvación y vida eterna, únicamente a través de Él. Esto es algo que el mundo necesita conocer. ¡Ve y comparte este gran tesoro con otros!

RESPONDE EN ORACIÓN

Adora: Glorifica al Señor por el acceso directo que te ha dado al Padre a través de Su obra en la cruz.

Agradece: Dale gracias al Señor por la vida de aquellos que están dispuestos a padecer por llevar a otros las verdades del evangelio.

Confiesa: Ve en arrepentimiento delante del Señor y confiesa cualquier área en la que Dios te haya confrontado en el día de hoy.

Suplica: Pídele al Señor un corazón pleno en Él, que no pueda hacer otra cosa más que responder en oración a Él y testificar a otros de la gloriosa cruz.

Día 3

PREPARA TU CORAZÓN

Usa este salmo para orar al Señor:

«Para siempre, oh Señor, tu palabra está firme en los cielos. Tu fidelidad permanece por todas las generaciones; tú estableciste la tierra, y ella permanece. Por tus ordenanzas permanecen hasta hoy, pues todas las cosas te sirven. Si tu ley no hubiera sido mi deleite, entonces habría perecido en mi aflicción».

Salmos 119:89-92

ANALIZA EL PASAJE

Pasaje del día: ***Colosenses 4:7-9***

Los siguientes puntos te ayudarán a marcar el camino en el proceso de comprensión de este pasaje.

TEMAS

¿Cuáles son los temas principales de este pasaje?

ESTRUCTURA

¿Cuáles son las distintas partes de este pasaje?

CONTEXTO

¿Cómo este pasaje se relaciona con los versos anteriores y los que le siguen del libro?

CRISTO EN EL TEXTO

¿De qué manera puedes ver la obra o el carácter de Cristo revelados en este pasaje?

TEMA UNIFICADOR

¿Cuál crees que es el tema unificador de este pasaje?

PROFUNDIZA EN SUS VERDADES

¿Sabías que los icebergs no son solamente lo que ves afuera? Hay mucho más debajo que lo que está a nuestra simple vista.

Al final de esta carta, Pablo quería mostrar la parte del iceberg debajo del agua: aquellos que venían corriendo la carrera junto a Él y colaborando en la causa de Cristo.

El primer nombre que Pablo menciona es Tíquico. Este nombre aparece solamente cinco veces en toda la Escritura, y en esta porción vemos que él tiene dos funciones qué cumplir.

De acuerdo a los versos 7 y 8, ¿cuáles son estas dos funciones?

1. ....

2. ....

Aunque este personaje no es muy mencionado, estos versos nos dejan ver grandes cosas sobre su carácter:

- **Amado hermano:** Era un hombre amado por Pablo y por la iglesia en Roma.
- **Fiel ministro:** Este hombre tenía una vida de fidelidad a la obra del reino. Él actuaba como lo que todo creyente es: un siervo.
- **Consiervo en el Señor:** Pablo veía a Tíquico en igualdad de posición. Pablo no pensaba que, porque él escribió la carta y Tíquico la entregó, Pablo era mejor que él. Ambos eran sirvientes del mismo Señor solo que con diferentes tareas.

El segundo nombre que encontramos es el de Onésimo. Este hombre fue uno transformado por la gracia de Cristo, quien antes de conocer a Cristo había sido un esclavo que había traicionado a su amo Filemón.

¿Qué nos deja ver Filemón 1:11 sobre Onésimo antes y después de haber sido transformado por Cristo?

....

....

Pablo llama a Onésimo «fiel y amado hermano». Estas características que él menciona son una evidencia de que cualquier vida puede ser transformada por las manos del gran Maestro.

Por la obra de Cristo en la cruz, cualquier persona tiene esperanza de transformación y redención en Él. ¡No hay nadie tan perdido que Su gracia no pueda encontrar!

Tíquico y Onésimo son un ejemplo de una vida de plenitud en el servicio: ambos llamados fieles a la obra del ministerio, ambos con un corazón completo en Jesús que no podía hacer otra cosa más que servirle.

Una vida de servicio y entrega es lo que fluye de un corazón pleno en Cristo.

APLÍCALO A TU VIDA

El ejemplo de Tíquico en la Palabra nos enseña que no hay servicio hecho para Cristo que sea insignificante y que todo lo que hacemos para el Señor debe ser visto en función de su valor para la eternidad.

Si piensas en tu vida de servicio, ¿te has encontrado a ti misma buscando servirle en aquellas cosas que son las que todo el mundo ve o estás dispuesta a hacer lo que sea necesario para servir a Su obra?

¿Qué crees que puede revelar de la actitud de nuestro corazón el darle «niveles» a nuestro servicio al Señor?

¿De qué formas el ejemplo de transformación en la vida de Onésimo y su fidelidad hablan a tu vida en medio de tus luchas contra el pecado?

Verdad para recordar: Poner nuestros ojos en Cristo es la clave para una vida de servicio que sea agradable y plena en Él.

RESPONDE EN ORACIÓN

Adora: Exalta al Señor por Su poder que es capaz de transformar cualquier vida.

Agradece: Dale gracias al Señor por las formas en las que nos va cambiando y la oportunidad que nos regala de servirle.

Confiesa: Lleva delante del Señor cualquier actitud de tu corazón que haya sido confrontada el día de hoy al ver el ejemplo de humildad y servicio en las vidas de Tíquico y Onésimo.

Suplica: Pídele al Señor que te permita ser hallada fiel en tu caminar cristiano y tu servicio a la causa de Cristo.

Día 4

PREPARA TU CORAZÓN

Usa este salmo para orar al Señor:

«¡Cuánto amo tu ley! Todo el día es ella mi meditación. Tus mandamientos me hacen más sabio que mis enemigos, porque son míos para siempre».

Salmos 119:97-98

ANALIZA EL PASAJE

Pasaje del día: ***Colosenses 4:10-14***

Los siguientes puntos te ayudarán a marcar el camino en el proceso de comprensión de este pasaje.

TEMAS

¿Cuáles son los temas principales de este pasaje?

ESTRUCTURA

¿Cuáles son las distintas partes de este pasaje?

CONTEXTO

¿Cómo este pasaje se relaciona con los versos anteriores y los que le siguen del libro?

CRISTO EN EL TEXTO

¿De qué manera puedes ver la obra o el carácter de Cristo revelados en este pasaje?

TEMA UNIFICADOR

¿Cuál crees que es el tema unificador de este pasaje?

PROFUNDIZA EN SUS VERDADES

¡Qué gran bendición es saber que no estamos solas en nuestro caminar cristiano y que hay otros llevando nuestras luchas y cargas con nosotras!

Pablo experimentó esta bendición y ahora, al final de la carta, tenemos la oportunidad de conocer un poco de aquellos que caminaron junto a él.

En este pasaje, seis personas diferentes mandan su saludo a esta iglesia a través de Pablo. Tres de ellos eran judíos y tres gentiles.

¿Puedes identificar cuáles eran los 3 judíos y los 3 gentiles?

Judíos:	*Gentiles:*
....	....
....	....
....	....

En esta lista de nombres, donde algunos son gentiles y otros judíos, vemos cómo el evangelio cruza las barreras religiosas y raciales, y crea unidad.

Esta unidad la vemos reflejada en el trabajo en conjunto de estos hombres y el corazón que tenían para con esta iglesia a la que cada uno envía sus saludos y que muchos ni siquiera conocían.

Lo que se dice de Epafras en esta carta nos habla un poco del corazón de ellos:

> *«Epafras, que es uno de vosotros, siervo de Jesucristo, os envía saludos, siempre esforzándose intensamente a favor vuestro en sus oraciones, para que estéis firmes, perfectos y completamente seguros en toda la voluntad de Dios. Porque le soy testigo de que tiene profundo interés por vosotros y por los que están en Laodicea y en Hierápolis»* (vv. 12-13).

Epafras era de Colosas. Él había hecho el recorrido hasta Roma por su preocupación con la herejía de los gnósticos que amenazaba con robar la plenitud en Cristo de los colosenses. Epafras tenía una gran preocupación por sus compañeros creyentes y Pablo expresa esta preocupación dejando ver que él se esforzaba intensamente por estos creyentes.

La palabra para esforzarse usada en el original es *agonice*. Pablo había visto a Epafras orar por los colosenses y esta era la única palabra que podía describir tal oración.

A Epafras le importaba esta iglesia y su oración era, en forma específica, en contra de las herejías que falsamente ofrecían perfección y plenitud en función de sus ideas.

Él tenía muy claro que esta era una lucha espiritual y que el ingrediente principal debía ser la oración.

Los colosenses ya tenían esta perfección en Cristo y Epafras ora para que ellos permanezcan firmes en esto.

Este pasaje nos deja ver cómo el evangelio ofrece plenitud en la comunión con otros sobrepasando las barreras y nos da un corazón que genuinamente se preocupa e intercede por otros creyentes.

¡Solo Cristo puede darnos esta clase de unidad!

APLÍCALO A TU VIDA

Una de las cosas que vimos en este pasaje fue la clase de corazón que da el evangelio, que se preocupa por el bienestar espiritual de otros.

¿De cuáles formas el pasaje ha confrontado y animado tu corazón al ver esta clase de amor por otros creyentes?

¿De qué maneras este pasaje impacta tu vida de oración?

Verdad para recordar: ¡El evangelio nos une! En Cristo Jesús podemos encontrar plenitud en nuestras relaciones y servicio junto a otros. ¡Vivamos y trabajemos por el reino en función de esta unidad!

RESPONDE EN ORACIÓN

Adora: Bendice el nombre del Señor por la provisión de unidad a través de Su obra que ha derribado toda barrera.

Agradece: Dale gracias al Señor por el regalo de poder caminar y servir al avance del reino junto a otros creyentes.

Confiesa: Lleva delante del Señor en arrepentimiento cualquier área en la que hayas sido confrontada el día de hoy con relación a la unidad en Cristo y la clase de amor por otros que deberías tener.

Suplica: Ruega al Señor por un corazón que genuinamente ame a los demás y encuentre la plenitud en la comunión con otros que solamente es encontrada en Él.

Día 5

PREPARA TU CORAZÓN

Usa este salmo para orar al Señor:

«¡Cuánto amo tu ley! Todo el día es ella mi meditación. Tus mandamientos me hacen más sabio que mis enemigos, porque son míos para siempre».

Salmos 119:97-98

ANALIZA EL PASAJE

Pasaje del día: ***Colosenses 4:14-18***

Los siguientes puntos te ayudarán a marcar el camino en el proceso de comprensión de este pasaje.

TEMAS

¿Cuáles son los temas principales de este pasaje?

ESTRUCTURA

¿Cuáles son las distintas partes de este pasaje?

CONTEXTO

¿Cómo este pasaje se relaciona con los versos anteriores y los que le siguen del libro?

CRISTO EN EL TEXTO

¿De qué manera puedes ver la obra o el carácter de Cristo revelados en este pasaje?

TEMA UNIFICADOR

¿Cuál crees que es el tema unificador de este pasaje?

PROFUNDIZA EN SUS VERDADES

Hemos llegado al final de esta carta. Espero que, así como ha pasado conmigo, en tu recorrido por ella hayas podido ver la plenitud que podemos encontrar en Cristo.

Él es suficiente para cada área de nuestra vida y esta es una verdad que hemos podido ver en cada porción del Libro de Colosenses.

En esta sección final, Pablo deja de dictar y toma la pluma en sus propias manos para dar su saludo personal y su autoridad como autor.

Aun en estas últimas palabras podemos ver el gran corazón del apóstol que genuinamente había llegado a encontrar plenitud en Cristo.

Lo primero que vemos en esta sección final es que Pablo les está mandando a leer una carta que viene de los laodicenses (v. 16). La identidad de la carta de Laodicea ha sido objeto de muchas discusiones, pero muchos han pensado que Pablo pudiera estar refiriéndose a la carta a los Efesios.

Luego de este intercambio de cartas al que Pablo los manda, entra en escena un personaje llamado Arquipo, que solo es mencionado en este pasaje y en Filemón 2. Pablo le ordena que cuide el ministerio que ha recibido del Señor para que lo cumpla (v. 17). Se le recuerda que el ministerio que ha recibido vino del Señor y, por lo tanto, debe tener cuidado de esto que no le pertenece.

Luego Pablo toma la pluma y escribe con su propio puño uno de los cierres más conmovedores: «Acordaos de mis cadenas». Después de exhortar, animar y confrontar a esta iglesia, de señalarle hacia la suficiencia de Cristo y de mostrar un corazón enfocado en el Señor y en los demás, por tan solo un momento se acuerda de sus prisiones y les pide que se acuerden de él.

Pablo estaba en la cárcel, pero no había prisión alguna que pudiera contener su corazón ardiente por el Señor. No había sufrimiento alguno que pudiera detener su aporte al avance del reino. ¡Que corazón! Que evidencia del gran valor de Cristo, en quien están escondidos todos los tesoros de la sabiduría y del conocimiento.

Finalmente, él se despide como usualmente lo hace en sus cartas: «La gracia sea con vosotros» (v. 18). La gracia de Dios es lo que este mundo pecador y cada creyente necesita la cual nos ha sido manifestada en Cristo Jesús.

«Y el Verbo se hizo carne, y habitó entre nosotros, y vimos su gloria, gloria como del unigénito del Padre, lleno de gracia y de verdad. [...] Pues de su plenitud todos hemos recibido, y gracia sobre gracia» (Juan 1:14,16).

Mi querida hermana, ¿has recibido la plenitud de Cristo? Lleva tu copa vacía delante del Señor y será llena. Que nuestras vidas sean llenas de su plenitud. Que busquemos las cosas de arriba donde está Cristo sentado a la diestra de Dios. Que el tema extraordinario de esta carta arda en nuestras vidas: Cristo está por encima de todo. Cristo es suficiente. ¡En el estamos completas!

APLÍCALO A TU VIDA

Al finalizar esta carta, ¿de qué formas Dios ha hablado a tu vida y cuáles evidencias de transformación has visto en ella durante tu recorrido por el Libro de Colosenses?

Verdad para recordar: Cristo es digno de que gastemos nuestras vidas en Él y es el único que puede satisfacernos y hacer que no volvamos a tener sed jamás.

RESPONDE EN ORACIÓN

Adora: Exalta al Señor por la gracia que nos ha concedido a través de Cristo.

Agradece: Dale gracias porque Él nos concede oportunidades para servirle.

Confiesa: Si Dios te ha confrontado con algo el día de hoy, llévalo delante del Señor en arrepentimiento.

Suplica: Pídele al Señor que todo lo que has visto en Su Palabra hasta este momento lo use para hacerte arder por Él y vivir en Su suficiencia.

GUÍA DEL LÍDER

¡Qué bueno que has decidido compartir este estudio con un grupo de mujeres! Oro para que Dios use Su Palabra en tu vida y en la vida de cada mujer que se exponga a ella y las lleve a través de las verdades de este libro a vivir completas en Él.

Con el propósito de que tu tiempo de estudio de este material junto a otras mujeres pueda ser aún más provechoso, hay algunas recomendaciones que me gustaría darte sobre cómo dirigir este estudio:

- **Procura prepararte con anterioridad:** Estudiar el material de manera detenida y con antelación te ayudará a poder dirigir la reunión de una manera más eficiente.

- **Mantén la Palabra como tu prioridad:** Solo la Palabra de Dios tiene el poder para transformar. No permitas que las conversaciones en tu grupo de estudio se centren en opiniones y experiencias personales, y dejen de lado las verdades de la Escritura.

- **Depende del Espíritu Santo:** Solamente Él puede abrir nuestros ojos ante las verdades de Su Palabra. Ora antes, durante y aun después del estudio por el obrar de Dios a través de Su Palabra en tu vida y en la vida de cada mujer con la que tienes la oportunidad de hacer este estudio.

¡Que el Señor use Su Palabra en sus vidas y puedan ver a nuestro glorioso Señor a través del Libro de Colosenses!

Esta guía tiene el propósito de ser una ayuda en medio de la preparación del estudio, pero no pretende ser el lugar donde encontrarás todas las respuestas a cada punto. Esto conllevará trabajo de tu parte y, ¿sabes qué? ¡Eso es bueno! Si estás usando este material para un estudio grupal, recuerda que primero debes buscar tu propio crecimiento; este libro de la Biblia debe ministrar primero tu corazón como líder para que luego puedas guiar a las mujeres que te acompañarán en este recorrido, porque no podrás dar de aquello que primero no has recibido.

En algunas secciones encontrarás consejos generales y en otras algunas posibles respuestas.

INTRODUCCIÓN

Antes de entrar en las diferentes secciones, te animo a que juntas puedan revisar las respuestas a las preguntas introductorias de cada capítulo, palabras e ideas importantes que se repiten en el texto, atributos de Dios exaltados o alguna idea confusa que encontraron en el texto. Esto les servirá de base antes de entrar de manera detallada en las secciones de cada capítulo.

Recuerda que esta sección es una exploración general del capítulo completo y es importante que cada una haya tenido interacción con el este, antes de ir a cada sección.

ANALIZA EL PASAJE

En esta sección, no necesariamente hay una sola forma correcta de presentar las respuestas. Cada una de las participantes del estudio puede presentar estas áreas de maneras distintas, siempre y cuando lo que se presente sea fiel al texto.

Contexto

En el contexto de cada sección, recuerda considerar los versículos anteriores y posteriores a la sección que están estudiando y también el trasfondo histórico de la carta (puedes encontrar información sobre esto en la introducción del estudio).

Tema unificador

El tema unificador es el mensaje principal que un pasaje quiere comunicarnos y este puede ser expresado en una breve y sencilla oración. Observa, medita y ¡usa tu creatividad! Presta atención a las palabras e ideas repetidas; esto puede darte una idea de cuál sería el tema unificador del pasaje que estás estudiando.

Cuando estés en tu grupo, trata de escuchar las diferentes formas en las que algunas desarrollaron el tema unificador del texto; recuerda que no hay una sola forma de hacerlo, pero el contenido debe ser fiel y congruente con el pasaje al que se refiere.

APLICACIÓN

La aplicación tiene que ver con cómo llevamos a la vida diaria el pasaje que estamos estudiando. Algo que puede ser de utilidad para encontrar la aplicación de un pasaje es preguntarnos de qué manera este texto puede hacer una diferencia en mi corazón y en mis acciones.

Es importante que animes a tu grupo a que las aplicaciones que hagan sean específicas y no de asuntos tan generales que luego ni siquiera sepan cómo llevarlos a la obediencia. Recuérdales también que, en su estudio personal, la aplicación debe ser aquello a lo que Dios las está llamando a obedecer en torno a lo que Él ha revelado en el pasaje estudiado, y que deben examinar cada una sus propios corazones. Y finalmente, te animo a enfatizar una y otra vez nuestra necesidad de dependencia del Espíritu Santo para una vida de obediencia, ¡separadas de Él nada podemos hacer!

RESPONDE EN ORACIÓN

Entendiendo la realidad de que lo necesitamos y que solamente Él puede transformar nuestros corazones a través de Su Palabra, necesitamos recurrir continuamente a la oración y es por esto que este estudio inicia y cierra reconociendo esta realidad.

Anima a aquellas que están haciendo este recorrido contigo a terminar cada sección en adoración, confesión, gratitud y súplica, y procura que de esa misma manera termine su tiempo de reunión.

¡Qué el Señor sea contigo al dirigir este estudio!

Aquí algunas posibles respuestas por capítulo a dos de los puntos de esta sección:

Primera semana

TEMAS:

- Cristo como nuestra esperanza
- El fruto del evangelio
- La importancia de la oración en el conocimiento de Cristo y para un caminar digno de Él
- La obra de Cristo en el creyente
- La supremacía de Cristo
- La condición del hombre antes de Cristo y después de su obra de redención.
- El ministerio de proclamación de Pablo

ESTRUCTURA:

I- Saludo (1:1-2)
II- Oración de Pablo por los colosenses (1:3-12)
III- Supremacía y obra de Cristo (1:13-23)
IV- Proclamando a Cristo, la esperanza de gloria (1:24-29)

Segunda semana

TEMAS:

- Preocupación de Pablo por los colosenses
- Las riquezas del conocimiento de Cristo
- Alerta contra las falsas enseñanzas
- El andar en Cristo
- La plenitud en Cristo
- Advertencias contra mandamientos de humanos

ESTRUCTURA:

I- Labor de Pablo por los colosenses (2:1-3)
II- Las falsas enseñanzas que amenazaban a los colosenses (2:4-23)
» Advertencia contra estas enseñanzas (2:4-8)
» Recursos en Cristo contra las falsas enseñanzas (2:9-15)
» Advertencias adicionales contra las falsas enseñanzas (2:16-23)

Tercera semana

TEMAS:

- La mente puesta en las cosas de arriba
- La muerte al viejo hombre
- La nueva vida en Cristo
- Las relaciones del cristiano

ESTRUCTURA:

I- El enfoque del creyente: Cristo y las cosas de arriba (3:1-4)
II- La nueva vida en Cristo (3:5-17)

» Desechando al viejo hombre (3:5-11)

» El andar del nuevo hombre (3: 12-17)

III- Las relaciones del creyente (3:18-4:1)

Cuarta semana

TEMAS:

- La perseverancia en la oración
- La oración y la proclamación del evangelio
- Testimonio cristiano
- Compañeros de ministerio de Pablo

ESTRUCTURA:

I- Instrucciones finales (4:2-6)

» Un llamado a perseverar en la oración (4:2-4)

» Testimonio con los de afuera (4: 5-6)

II- Saludos personales (4:7-17)

» Comentarios sobre los mensajeros de la carta (4:7-9)

» Saludos de los compañeros de ministerio de Pablo (4:10-14)

» Saludos a los creyentes en Laodicea (15-17)

III- Cierre (4:18)

BIBLIOGRAFÍA

- *ESV, Study Bible.* (Wheaton: Crossway, 2011).
- *ESV, Women's Devotional Bible.* (Wheaton:Crossway, 2011).
- *The Reformation Study Bible.* (Sanford: Reformation Trust Publishing 2015).
- Hughes, Kent, *Philippians, Colossians and Philemon. The Fellowship of the Gospel and the Supremacy of Christ.* (Wheaton: Crossway, 2013).
- MacArthur, John, «Colosenses: Comentario del Nuevo Testamento». (Grand Rapids: Editorial Portavoz, 1992).
- Nielson, Kathleen, *Colossians and Philemon: Continue to Live in Him.* (Phillipsburg: P&R Publishing Company, 2007).

COALICIÓN POR EL EVANGELIO es una hermandad de iglesias y pastores comprometidos con promover el evangelio y las doctrinas de la gracia en el mundo hispanohablante, enfocar nuestra fe en la persona de Jesucristo, y reformar nuestras prácticas conforme a las Escrituras. Logramos estos propósitos a través de diversas iniciativas, incluyendo eventos y publicaciones. La mayor parte de nuestro contenido es publicado en www.coalicionporelevangelio.org, pero a la vez nos unimos a los esfuerzos de casas editoriales para producir y colaborar en una línea de libros que representen estos ideales. Cuando un libro lleva el logo de Coalición, usted puede confiar en que fue escrito, editado y publicado con el firme propósito de exaltar la verdad de Dios y el evangelio de Jesucristo.

TGC | COALICIÓN

NOTAS

NOTAS

NOTAS

NOTAS

NOTAS

NOTAS

NOTAS